新商科实践教学建设研究

林 强 著

北京工业大学出版社

图书在版编目（CIP）数据

新商科实践教学建设研究 / 林强著． — 北京 ：北京工业大学出版社，2020.4（2021.8 重印）
ISBN 978-7-5639-7337-8

Ⅰ．①新… Ⅱ．①林… Ⅲ．①贸易－教学研究－高等学校 Ⅳ．①F7-42

中国版本图书馆 CIP 数据核字（2020）第 061589 号

新商科实践教学建设研究
XINSHANGKE SHIJIAN JIAOXUE JIANSHE YANJIU

著　　者：林　强
责任编辑：吴秋明
封面设计：点墨轩阁
出版发行：北京工业大学出版社
（北京市朝阳区平乐园 100 号　邮编：100124）
010-67391722（传真）　bgdcbs@sina.com
经销单位：全国各地新华书店
承印单位：三河市明华印务有限公司
开　　本：710 毫米 ×1000 毫米　1/16
印　　张：12
字　　数：240 千字
版　　次：2020 年 4 月第 1 版
印　　次：2021 年 8 月第 2 次印刷
标准书号：ISBN 978-7-5639-7337-8
定　　价：45.00 元

作者简介

林强（1975.10—　），男，广东遂溪人，广州工商学院院长助理，副研究员，研究方向是高等教育教学管理。主持广东省高等职业教育教学改革项目 1 项、广东省教育厅特色创新项目（人文社科）1 项；主编出版教材 3 部，在《中国高等教育》等刊物公开发表学术论文 18 篇，其中 3 篇在全国中文核心期刊上发表。

前　言

实践实验教学环节是商科教学的重要组成部分，是培养学生实践能力和创新精神不可或缺的重要手段和途径。但目前我国高校商科实践实验教学正处在探索阶段，存在诸多问题，严重制约了创新型高素质人才的培养。转变商科教学理念，深化商科实践教学改革，加大实践类课程在教学计划中的比重，完善商科实践实验教学体系、内容和手段，以达到在新时期培养创新型高素质人才的要求，将是新商科教学模式改革的重要突破方向。

全书共七章。第一章为绪论，主要阐述商科的发展与新商科、商业人才培养的现状与发展趋势以及商科教育的国际化发展与借鉴等内容；第二章为实践教学，主要阐述实践教学概述、实践教学体系的构建以及实践教学的人才培养模式等内容；第三章为商科实践教学，主要阐述商科人才培养基本思路、商科实践教学的基本条件、商科实践教学的现状以及商科实践教学质量管理等内容；第四章为新商科实践教学的校企合作，主要包括校企合作概述、校企合作的模式与现状分析以及新商科的校企合作研究等内容；第五章为新商科双创教育，主要包括双创教育现状分析，双创教育与新商科实践教学的关系及中间媒介，新商科双创教育实践的背景、推进及改革创新，新商科双创教育的利益关系与分配等内容；第六章为新商科实践教学基地，主要阐述新商科实践教学基地建设以及新商科实践教学基地管理等内容；第七章为新商科实践教学——电子商务，主要包括电子商务市场人才需求与人才培养分析、电子商务实践教学建设以及电子商务实践教学配套设施的建设等内容。

为了确保研究内容的丰富性和多样性，笔者在写作本书的过程中参考了大量理论与研究文献，在此向涉及的专家学者表示衷心的感谢。

最后，限于作者水平，加之时间仓促，本书难免存在一些疏漏和不足之处，在此，恳请广大读者朋友批评指正！

目 录

第一章　绪　论

商，在中国数千年的历史中早已有之，有关商科与新商科的出现与发展也是当前人们关注的重点。本章从商科的发展与新商科、商业人才培养的现状与发展趋势、商科教育的国际化发展与借鉴三个方面进行论述，主要内容有：新商科的定义、形成商科人才培养特色、对商业人才培养的反思、商业教育的国际化与本土化等。

第一节　商科的发展与新商科

一、商与商科

（一）商

商的定义非常广泛，只要是以营利为目的的微观主体的经营活动都属于这个范围。经营企业的主要目的是实现营利，经济社会的发展动力也是为了实现营利，实现经济的运转。

1. 商的起源与发展

最早有关于“商”的讨论，是在社会经济发展的过程中，在社会的发展中，商品交换的出现，开始出现了“商”的相关概念，作为商品交换的一种发展形势，逐渐成为一个独立的经济部门。

商业并不是人类诞生之日就出现的，商业的出现与发展都离不开社会经济的发展，曾经有过一个说法是，周武王灭商之后，商朝的遗民为了生计，开始东奔西走地做买卖，日子一长，他们的职业就开始固定起来，周朝人就开始称呼他们为商人，因此他们的职业也就变成了商业。

商人在商品交换的初期，使用一些贝壳类的货币，商业被官府控制，直到春秋战国时期，官府控制商业的局面开始被打破，商品与商人开始大规模地出现。秦汉时期的中外贸易开始逐渐发展起来，出现了著名的商业中心。

魏晋南北朝时期，南方商业开始发展，隋唐时期不仅是都市的商业在发展，农村集市的商贸业也开始发展起来，一些相关的商业服务开始出现，直到宋元时期，出现了世界上最早的纸币，商税成为政府主要的财政收入。明清时期，政府开始对商人收税，商业呈现出了一派繁荣的景象。

近代以来，我国经历了相关的变革，商业也在三座大山的压迫中谋求发展，出现了严重畸形的形象。

中华人民共和国成立之后，尤其是改革开放之后，社会主义市场经济的发展背景之下，商业活动开始展现出应有的活力，伴随现代企业制度的确定，商业的发展更加稳定，商业的范围也更加丰富，很多相关的商都被纳入商的范围中，商的概念开始得到进一步扩展。

2. 商业的存在与成功的要素

（1）商业的存在

除去创造繁荣与就业机会，商业最本质的作用就是满足人类的服务需求，商业活动是一种提供具有综合性能的产品的经营活动，包括有形服务也包括无形服务，可以是具体的也可以是抽象的。

迄今市场上有很多产品，服务水平就成了各行业竞争的关键所在，因此不同的行业开始出现不同的服务水平组合，满足了消费者不同的消费需求，形成了自己的竞争力，每一种行业在经济发展的过程中，都需要进行及时的调整，适应社会发展需求，形成自己的竞争力。

（2）商业成功的要素

当今时代的竞争压力如此之大，企业必须做好准备，以提高企业的生产效率，提升自己的市场竞争力，推动企业成功的要素如下。

①全景思维。要突破原有的思维模式，可以站在综合立场上思考问题，可以全面地分析问题，可以适应不同的思维模式，对于大量信息的进入，可以做到有条不紊，从中抽丝剥茧，形成自己的思维。

②务实创新。脚踏实地，并具有一定的创新精神，务实与创新是企业发展的关键，也是企业可以长久运行下去的动力支持。创新并不是企业发展的最终目的，而是推动企业发展的动力。

③良好的管理。企业不同部门拥有不同的职能，负责不同内容，综合在一

起就构成了整体，一个企业的成功需要良好的管理，面对市场经济的瞬息万变，需要良好的管理能力执掌全局，统筹规划。

④完善的组织与制度。完善的组织与制度，是企业必备的，这些都直接关系到职工的利益，企业各个部门的职能，只有完善的组织与制度，才可以有效地调动企业的运转，实现和谐的员工关系。

⑤出色可靠和富有经验的管理阶层。优秀的管理者可以激发员工的活力，管理者是企业运行的掌舵人，需要帮助员工成长，而不是去控制员工，是去激发员工的潜力，而不是去评判员工，管理者需要赏罚分明，管理有度。领导是为员工成长提供帮助的人，也是将企业有限的资源进行合理的分配的人。

（二）商科

1. 商科定义

商科是专门研究企业经营以及管理的科学，所有具有营利性目的的企业活动都属于商科。根据国际教育的相关标准，高等教育一共有十八个大类，商务管理就是一般的商科。不同的国家对商科的定义标准不同，因此有关商科所包含的内容也就不同。

2. 商科教育

经过大量的实践证明，西方发达国家与一些经济发展比较快的发展中国家，商科人才培养对国家的经济的发展具有重要的意义，国家经济的增长，对专业的商科人才的需求也越来越多。

伴随着国际形势的变化、国内经济的发展，适应经济发展的方式，就需要加强对相关商科人才的培养，为国家的发展、企业的发展输送更多有质量的人才，提供充足的人才保障。

商学院就是专门培养商科人才的场所，商学院之所以存在就是为了发展商业智慧，满足社会对商业人才的需求，我国的商学院的发展并不顺利，经历了这么多年的发展，也慢慢地走向了成熟。

二、新商科的定义

新商科职业教育是为适应互联网浪潮和经济全球化的发展，在传统商科教育培养模式的基础上，以企业物流、资金流和信息流管理为核心，培养具有跨界思维和跨境意识，掌握并遵循新规律和新文化，善于运用新方法和新技术的高素质技能型商业人才。

以新的基础设施、新的商业组织、新的价值观、新的社会生活为背景，贸易主体在变化、贸易形态在变化、商业模式在变化、商业组织方式在变化。模式创新、技术创新、服务创新无不要求我们的商科教育要紧跟时代、创新发展，于是新商科教育应运而生。

三、商科教育的特征

（一）特殊性

心理学认为技能可以分为两种，分别是智力技能与动作技能。智力技能也就是软技能，在技能活动中，需要制订一系列计划，并需要使用特定的理论做出决定，在任务执行的过程中，要充分地体现出机动灵活的特点。

动作技能就是硬技能，就是在技能活动中可以体现一种固定的程序与运作方式，也就是在无限的重复之中，因为程序是固定的，所以动作技能是在不断地重复之中完成的。

商科与工科的对比分析后发现，工科专业主要是培养硬技能，也就是我们所说的显性技能，不仅要不断进行重复，而且可以通过物化或者是量化的标准，对学生的技能加以提升。

商科专业是培养软件技能，也就是隐形技能，没有量化或者是物化的检验标准，不能为学生提供具体的指导训练，也不能对学生的技能掌握情况做出及时的判断与指导。

（二）综合性

工科专业需要严格按照工艺流程操作规范完成相关任务，或者是完成规定的生产量。商科专业负责培养某一领域的专业的人才，在做出专业的决定的过程中，需要将各个知识进行整合与优化，单科的知识与能力需要其他学科的辅助，每一个学科都不是单独存在的。

（三）实践性

工科专业因为工艺过程、造作标准都是固定，也是可以重复的，学生只要通过相关的训练，就可以掌握。学生在学校的实验训练或者是完成商科专业，每一项商务活动都具有不可重复性。

学生需要在不同的环境中、不同的训练对象中才可以不断地积累经验，提升自己的职业水平与业务能力，商科专业培养学生的相关的技能的实践性更具有现实性，离不开企业与社会的共同支持，因此又必须加强校企之间的合作。

第二节 商业人才培养的现状与发展趋势

一、商科人才培养现状

商科人才培养理念滞后于快速发展的国际国内商业环境，表现在商科人才培养对动态需求反馈不够、空间视阈局限在本土地域等诸多方面。众所周知，经济全球化与中国经济参与全球治理的程度不断加深，基于“一带一路”的中国全球价值链影响日趋突出，国内供给侧改革与创新驱动发展战略快速推进，新技术、新模式、新商业等多个层面的创新日新月异。这些全新情境下，既往商科人才培养理念相对滞后，目标定位存在偏差，特色不够显著。

其一，理念滞后，商科人才培养与现实需求脱节严重。虽然改革开放以来商科人才培养规模与成就取得巨大进步，但特别值得反思与突破的是，商科人才培养与现实需求之间存在巨大鸿沟，商科人才培养与经济社会发展脱节严重，甚至一定程度上变成“万金油”，饱受社会诟病。

具体表现为：理念均衡问题，即功用主义培养理念处于主导，人文精神与商业伦理被严重忽视；理念融合问题，即商科人才的实用性与文化性如何融合定位，迫切需要理论突破；理念统领问题，即商科人才培养的理念统领作用发挥不够，迫切需要实践探索。

其二，定位偏差，商科人才培养目标的针对性和层次性不够。审视商科人才培养定位命题，商科人才培养的目标定位存在偏差，表现为人才培养类型与标准缺少差异，地方或行业等的针对性不足，人才培养目标缺乏层次性。因此，迫切需要重构理念系统，寻求特色发展模式，确立目标定位，为商科人才培养系统重构奠定理念基础。管理知识教学存在注重管理知识传授、忽视创造力开发、本科教学基本理念错位等问题，甚至“刚出版的管理学教材，其知识就已经落后现实10年以上”。管理知识发展非常快，或者说根本就没有定论性的知识。所以，以知识传授为主要方式的本科教学是最大的问题。

创造力才是大商科人才综合能力的内核。大商科人才的根本能力，不在于书本知识、课堂知识、教师教给的知识，而在于创造力。人才培养中，“授人以渔”至关重要，“授人以鱼”只能作为最初级的教学定位，这在大商科人才培养中体现得尤为突出。大商科人才将来所从事的工商管理事业、需要解决的现实问题，具有高度不确定性、高度复杂性、高度情境性，甚至绝大部分有价值的问题是没有先例的，解决这些问题所需要的并不是书本知识，而是创造性地解决问题的能力。所以，创造力是大商科人才综合能力的内核。

其三，特色缺失，商科人才培养核心能力欠缺。这是理念滞后与定位偏差导致的不良后果，商科人才培养主体大多局限于公办性质的高等院校，而且专业设置、教学方法与人才培养路径大同小异，缺少地方性、行业性的人才培养特色，从而导致本土商科人才的模板化、平面化与同质化；商科人才培养缺少特色，迫切需要构思特色发展路径。要重视创新创业教育，创造力是大商科人才创新创业能力的根源。

无论是创新还是创业，其根源都是创造基于创造力，只有这样才能在特定的外在条件下转化为创新和创业的具体能力。大学生在创新与创业上的外在条件并不成熟，大学生的创新创业教育要更多地关注其背后的创造力培养。只关注创新创业教育，忽视创造力培养，就是拔苗助长、本末倒置。

二、创新商科人才培养体制

一个突出的问题是，多元主体分立、各自为战的商科人才培养知识链条治理方式，导致商科人才培养缺乏协同效应。人才培养知识链条，由“高校攻其内部培养机构之间—研究院所—市场培养机构”等环节构成。人才培养整个过程，大体上可以分解为知识创造、知识转移、知识应用等关键环节。知识是结构性的，具有不同层面。结构方面，包括商科知识、法科知识、工科知识以及通识等；层次方面，包括基础理论知识、系统应用知识和各种隐性能力（如智慧）等。高校、研究院所与各种市场培养机构之间，在人才培养链的切入环节，理论上讲内容要全覆盖，各自有所侧重和分工，要相互密切协作和融合，作为一个整体完成人才培养目标和再培养。但是，实际上目前各主体各自为战、相互分立，融合、协同和整体指向都距离人才培养要求差距甚远。

人才培养体制与市场体制相互分立，缺乏协同与融合的人才培养价值链条治理方式，导致人才培养大循环断裂，这一问题也不容忽视。人才培养价值的主干链条为：人才培养各主体、人才使用各主体。人才培养和使用的整个过程，是一个人力资本投资、人力资本开发与人力资本使用等围绕人力资本所有权的配置过程，也是人才培养各主体和人才使用各主体之间融合互动的双向过程。

理论上，各个主体进行的人力资本投资，都应该获取相应的人力资本投资回报。但是现实中，人力资本投入（各人才培养主体）的所有权与使用人才的人力资本使用权，在投资回报的价值分配上不均等，导致人才培养各主体激励约束机制失灵，高校不愿意投入企业所需，企业不愿意向非所需的人力资本付出，整个人力资本的投资与回报循环是断裂的，人才培养与使用的大循环是断裂的。

三、确立商科人才培养机制

商科人才培养的市场机制尚未真正确立。商科人才培养有别于基础科学领域的科学研究型人才，商科人才培养具有显著的市场导向性和商业应用性。商科人才培养的市场机制，由市场需求、人才供给和人才流动等三个基于价值交换的环节构成。

一是市场对商科人才的需求缺乏理论建构、科学方法和实践挖掘。20 世纪 90 年代以来，特别是 21 世纪市场环境变化剧烈，新技术、新模式和新经济层出不穷、纷繁涌现，针对新的市场变化对人才培养提出的新需求，商科人才培养机制还缺乏系统深入、科学前瞻的研究。

二是人才供给端，人才培养的市场导向理念还未确立。由于对市场需求反应的滞后，高校商科人才培养的目标导向往往离市场需求远，与市场需求脱节。

三是人才流转机制运行不畅，既包括高校商科人才毕业向市场的初次就业，也包括商科人才在市场中的二次就业，以及在人才市场中的自由流动。

因此，商科人才的市场机制是人才配置的核心方式，商科人才培养的市场机制的确立仍然任重道远，教学中心地位缺少切实的实现机制。学科建设与科研发展，是大学战略。重视科研、突出科研导向，战略和策略上都值得进一步凸显和加强。但是，在注重科研的同时，大学之所以成为根本立足点，人才培养与教学不能忽视。重视科学研究没错，忽视教学创新有错，教学管理机制错位。教学管理机制出问题，将导致教师工作的基本导向不是在科研和教学中平衡，而是“二选一”，教学被置于鸡肋的位置。在这一基本的心理认知条件下，教育部、教育厅和高校，呼吁重视教学、进行教学管理。

但是在大商科人才培养中，本科教学问题仍然较为突出。一是教师不重视教学，科研压力大。科研几乎是专业技术职务晋升、岗位评聘的唯一通道。青年教师将教学视为累赘，带着“上工地”的心情去上课。二是教授不愿意教学。科研水平越高，职业地位越稳固，越不愿意教学。三是教学方式陈旧。前述两种原因，导致“满堂灌”成为本科教学的主导教学方式，教师是复读机，学生是录音笔，这种陈旧管理知识的单向灌输，必然导致教学效果差，学生满意度低，甚至人才培养质量低，缺乏核心竞争力。

本科教学创新机制有待进一步发掘普及。商科人才培养中的本科教学，是人才培养的原动力，是商科人才培养事业的“初心”。然而，在我国高等教育快速发展，特别是学科发展压力与日俱增的情况下，商科人才本科教学遭遇尴尬局面。一方面，本科教学创新缺能力。各高校普遍重视教学研究成果而忽视教学创新过程，教师的教学创新能力的开发机制实际上是缺位的。另一方面，教学创新业绩缺标准。普遍重视教学上做定量评价，而忽视教学创新业绩评价，教学创新业绩评价缺位。可以说教师搞教学创新没有多少发展空间，即普遍重视喊口号呼吁教学重要性，而忽视教学发展通道，教师的教学利益机制缺位。

事实上，商科人才培养中教师的教学创新能力及其开发，是商科人才培养的根本要素，创新型教师才可以培养出创新型商科人才。在此根本的原动力基础上，教学创新业绩评价机制和教师职业发展机制，分别构成创新型商科人才培养的“任督二脉”。商科人才培养中的诸多现实问题，都可以从“任督二脉”中找到问题的根源。

四、商科人才社会需求的结构性转变

商科人才培养具有高度的环境依赖性。经济社会发展的特殊时空定位，很大程度上决定着商科人才培养的理念、战略与策略。21 世纪以来全球格局重构、我国经济社会发展变革剧烈。从全球变革、国家发展战略转型以及区域经济社会变迁等多个格局性的视角，来看待商科人才培养全面审视商科人才培养的历史成就，厘清商科人才培养的现实基础，并反思商科人才培养存在的突出问题与历史局限性，这是新时代背景下商科人才培养模式重构的大格局。

基于国际国内经济环境变革的现状与趋势，紧扣新时代对商科人才的需求变化，前瞻性地洞察商科人才培养的使命与愿景、突破方向与创新路径，系统化商科人才培养模式创新的战略思维，是商科人才培养的必然选择。

（一）商科人才培养的特征

站在历史的视角考察，商科人才培养既建立在改革开放后我国高校商科教育的深厚基础上，也面临着新时代蕴含的变革机遇和多重挑战。经济全球化步伐进一步加深，我国强势崛起并积极参与全球治理，为商科人才培养拓展了全新的格局空间。我国特色社会主义事业步入新时代伴随着我国经济供给侧改革，我国经济也步入新常态，商科人才培养具有全新的特征，必然面临新格局、新远景、新使命、新任务。新兴技术浪潮方兴未艾，“互联网 +”产业正在成为经济转型升级的全新动力，商科人才培养具有区域经济导向的新任务和新要求。

从这些时空维度来审视商科人才培养，既是商科人才培养事业发展的方向性要求，也是对国际国内经济社会变革的直接呼应。

（二）商科人才培养面临新格局

全球经济格局在演绎着一场影响深远的剧烈重构，作为经济发展最核心要素的人才是重构的核心内容之一，商科人才培养必须置于全球经济格局下进行审视和探索。总体来看，近些年包括未来相当长一段时间内，全球经济格局演变呈现出以下几个显著特征。

第一，主导全球经济演化方式的全球价值链，正经历着新一轮全局性的重大变革与影响深刻的解构与重构——高端制造业向发达国家加速回流，知识密集型服务向长三角地区加快转移，低端制造业跨国漂移性越来越强，来自东南亚与其他金砖国家的制造产业竞争趋势越来越激烈。

第二，国家“一带一路”倡议和长三角长江经济带战略的实施，为我国产业经济转型升级和经济社会发展，以及更高层次、更高水平参与国际合作和竞争带来了新空间。

第三，智能制造、柔性制造以及工业互联等新兴制造技术快速涌现，为长三角地区乃至我国产业经济的转型升级，带来“弯道超车”的战略机遇。

总之，商科人才培养需要全球视野，需要从经济全球化视角下审视世界经济新格局。在中国、美国、日本等超大型经济体之间旷日持久的竞争角力与多边博弈背景下，我国作为新兴经济体强势崛起，成为世界经济增长新的动力枢纽。经历改革开放后的高速成长，我国的综合国力在世界上的排名逐渐上升。

在过去十几年，我国在世界经济中扮演的角色越来越重要，我国经济的迅速增长不仅影响了周边国家的发展，也对世界经济的发展产生了不可取代的影响。我国经济快速增长，加上贸易和金融的深入，可以通过多种渠道影响世界经济发展，其中两个比较重要的渠道是贸易渠道和金融渠道。

全球贸易新规则。美国退出 TPP 战略并实施制造业回归计划，甚至蠢蠢欲试“逆全球化”；英国脱欧等一系列世界经济大事件，重构全球经济格局，重塑全球贸易规则。手段更加隐蔽、策略更加复杂、伙伴更加多变的新兴贸易保护主义愈演愈烈，对世界经济运行方式产生深远影响，从根本上重塑全球贸易新规则。

近年来，全球贸易呈现诸多显著态势，低端制造业跨国漂移、高端制造业向北加速回流与知识密集型服务向南延展等现象同时发生。随着本土制造产业在低端制造环节的比较优势正在消失，发达国家跨国公司乃至大批本土制造企业，纷纷将劳动密集型制造环节转移到东南亚、南美以及南非等新兴经济体，低端制造业的跨国漂移属性充分释放；美国、德国等制造业先进国家，出于增加就业、政治需要、国家安全与构筑持续的国际话语权等考虑，纷纷制订重振制造计划，制造业特别是高端制造业回流现象日趋显著。

与此同时，伴随着中国、印度等新兴经济体的知识型人才队伍的兴起，对发达国家形成了明显的比较优势，发达国家跨国公司在中国设立研发中心，与本土企业建立研发联盟，向中国企业外包软件服务、咨询服务以及业务流程服务，知识密集型生产性服务的转移加速进行。全球贸易新规则发展到今天逐渐体现出自己的特征，下面进行详细论述。

第一，服务贸易与投资取代货物贸易成为关键。服务贸易与投资的发展趋势，在全球范围内已经成为一种主流的趋势，国际贸易规则的关注点也从货物贸易转变为货物贸易、服务贸易、投资三位一体的关注上。

第二，谈判议题向边界后规则转移。伴随着国际贸易环境的变化，以及信息化与电子商务的大范围应用，在谈判的过程中开始出现了很多问题，也有了新的解决方式，更是出现了很多交叉的关注点。这些交叉议题的出现，也代表了新的发展趋势，构建新的边界后规则。

第三，标准与自由度提高。新贸易投资规则的标准要比世界贸易组织现行规则要高，甚至超出了很多现在发展中国家的发展水平。

第四，新规则就代表了高收入国家的发展趋势，新规则就是以美国为首的高收入国家为了促进经济发展、拉动经济发展而实现的。为了适应发达国家的发展需求，需要舍弃世界贸易组织对发展中国家的优惠政策，以更高的标准与自由度要求，但是这些要求超过了发展中国家的承受能力，不能更好地带动发展中国家的发展，从本质上来讲，这就是一种贸易保护主义，限制发展中国家的发展。

近年来，西方国家集体陷入困境，再加上一些新兴大国的崛起，国际力量开始出现新的变化。国际力量对比的深刻复杂性引起了国际秩序与规则的战争，对地区的发展具有深刻的影响。世界经济政治格局的动态演化呈现新趋势。

一是中国快速发展与美国“重返亚太”，推动了亚太地区在国际格局中的地位进一步上升；随着国际力量对比“东升西降”的加速发展，围绕国际秩序与规制建设，新老力量展开激烈斗争。

二是世界大国纷纷陷入外交泥潭，国际政治这盘复杂的对弈，正迫切需要一些富有智慧的新思维以出人意料的全新棋路改变全局。

三是世界经济格局的变化。受国际贸易新规则的影响，一些发达国家作为规则主导国，他们所获得的利益要远远比一些发展中国家要多。想要重新获得国际贸易的主导权，新兴的经济发展与发展中国家的崛起，传统经济体与新兴经济体的竞争逐渐从产品竞争变成规则竞争，发达国家与发展中国家的差距有可能被进一步拉大。

就中美而言，在中美经济双边竞合、双向融合，美国重振制造的战略背景下，制造产业由新兴经济体国家特别是中国向美国回流的趋势日渐明显；知识密集型服务业（如研发外包、知识咨询与业务流程外包等）向新兴经济体特别是中国加速转移。

国家主席习近平在 2013 年 9 月 7 日于哈萨克斯坦纳扎尔巴耶夫大学的演讲上首次提出“丝绸之路经济带”的倡议，由此看来，全球化新格局下商科人才培养机遇与挑战并存。经济全球化与中国参与全球治理，构成商科人才培养的新格局。在这一新格局下，商科人才培养面临挑战和机遇。其中挑战在于，新格局下需要商科人才培养视野的全球化拓展。与传统商科人才培养主要面向本土经济不同，全球化格局下商科人才培养不仅面向本土经济发展，同时面向全球经济，既包括传统的本土经济以及外来经济影响后的本土经济，同时也面向全球经济以及本土经济在全球范围的远征，是“引进来”与“走出去”双重动态过程下的全新地域范畴。

此外，新格局下需要商科人才培养目标的全球化重构。简单而言，新格局下需要培养既能在本土和外商进行商业竞合的商科人才，也需要能走向全球、能够适应全球性商业文化和多样性人文素养的商科人才。这远不止会外语这么简单，而是要培养懂全球政治经济治理、跨国商业运作、国际商法、多国外语的复合型商科人才。

还有，新格局下需要商科人才培养方法的全球化融合。如何培养面向全球化的新型商科人才，这一命题的破解，需要系统性地审视商科人才培养方法论体系，关键需要突破商科人才培养的地域边界，既要在本土构建全球化商科人才的培养体系，也要将培养体系拓展到全球，在海外构建商科人才培养基地、平台与特设机构等。

破解全球化新格局下商科人才培养的诸多关键命题，本土商科人才培养将得到全面提升。在全球经济新格局和中国参与全球治理的重大变革中，商科人才培养也迎来了广阔机遇：在全球经济的新格局、新规则与新趋势等全球化大背景下，强化中国经济的全球角色，蓄积中国经济的传统优势，驱动中国经济的全球战略变革，“一带一路”倡议的规划与实施，将为中国带来全新的复兴空间。这种空间将大大拓展商科人才的全球化需求，突破传统商科人才局限于本土的空间限制，也为本土商科人才增加了需求侧市场厚度。同时，世界变小、竞合紧密、博弈激烈为跨越国家边界、具有国际视野、能够从事国际大生意开拓与管理的国际化商科人才培养，提供了广阔的实战舞台，从而大大提高了商科人才培养质量。还有，全球经济走入中国的步伐进一步加快，特别是中国在这一过程中逐渐占据主导地位，将充分有效地利用全球先进人才培养资源（如高端知识、先进教育科技和领先的商业模式），为本土商科人才培养体系的国际化重构提供宝贵机遇。

（三）商科人才培养具有新使命

增长放缓、持续发展，结构调整、转型升级，依法治国在经济增长方式的较低高速上持续稳健、健康发展成为中国经济新常态。新常态就是经济增长的方式从超高速向中高速过渡。

具体来讲，就是要转变经济增长方式，拉动经济增长，促进经济方式的转变，转变经济增长的速度。新常态同样也包含着在调整过程中出现的相关问题，中国这么多年的改革开放，超高速的增长方式对中国的经济发展起着重要的作用，但是并不代表这没有任何的问题。

从国家发展的角度来看，重点强调产业群的快速增长，虽然会在短时间内起到促进经济发展的目的，但是长期发展下来，还是存在一定的问题，产业过剩就成了最突出的问题。

新常态下，增长目标调整更加动态，产业宏观调控进一步加强，但是市场机制在调控中的作用更加突出。

从供给侧进行改革，破解平推式发展难题，基于科技创新、结构创新与体制机制创新，从供给侧创造质量更好的产品，提供更好的服务，为需求侧创造价值更高的产业与市场，整体促进产业升级、消费升级，提升中国经济总体的运行档位。

供给侧结构性改革就是为了调整经济结构，实现各个要素之间的最优配置，提升经济发展，需求侧结构性改革就是调整出口、消费、投资三者之间的关系，供给侧就是调整创新、资本等要素。

供给侧结构性改革，就是提高质量，使用改革的方法推进结构调整，优化要素之间的配置，实现有效的供给，适应社会的发展变化，实现要素之间的价值，满足更多群众的需求。

供给侧结构性改革，就是使用增量改革调整存量，增加投资的过程中优化投资结构，实现经济可持续发展，提升人民群众的生活质量，优化产权结构，促进经济增长活力。

整合资源，实现资源的优化预配置，实现公平分配，优化结构，节省交易成本，提高经济效率，促进消费产品的不断升级，提高人们生活的质量与品质，实现创新驱动发展战略。

中国经济正从过去多年重经济质量与增长速度的粗放式增长方式，向重经济质量与均衡增长的集约式增长方式转型。改革开放之后，经济快速发展，这与我国资源环境的优势与劳动力的充足是分不开的。

进入新的发展阶段，我国在国际上的低成本优势已经不再明显，技术创新具有自己独有的优势，因此建立的创新优势就不会因为时间的发展而消失，故应实施创新驱动发展战略，加快我国经济发展方式的转变，为我国经济的可持续发展提供强大的动力支持。

当前，经济发展的基本模式正在从政府主导、投资主导、要素投入主导，向科技创新、体制机制创新与全球化创新等创新发展模式转型。基于创新、成于创业，大众创业、万众创新，创新驱动发展成为中国经济转型升级的新战略。其主要措施为：①坚持走中国特色自主创新道路；②实施创新驱动发展战略；③主张建立公平、自由、开放的竞争环境；④挖掘市场竞争的潜力；⑤完善成果，转化激励政策；⑥建立技术创新市场导向机制。

伴随着时间的发展，要形成完善的政策与法律环境，为我国进入创新型国家做好准备，严格落实相关的政策与制度，保护行业的创新，改善相关的商业模式与管理机制，引导新制度的形成，强化竞争政策和产业政策对创新的引导。

为此，在中国经济新常态、供给侧改革新动力、创新驱动发展新战略的背景下，商科人才培养具有新使命。传统商科人才培养是发生在中国经济快速增长的特殊历史背景下的，多年的改革开放释放了巨大的增长能量，为传统商科人才的快速发展提供了宽阔轨道。然而，新常态下中国经济急剧转型，驱动既往经济增长的需求侧“三驾马车”发生巨大变化，供给侧改革正在进行，创新驱动发展战略已经确立。在这些新条件下，如何通过商科人才培养的转型与重构，为新常态下的中国经济持续不断地输送血液，实施创新驱动发展战略，蓄积供给侧改革能量，这对商科人才培养提出了新的使命要求：培养具有创造力的创新创业型商科人才，即“双创型”商科人才。

具有创造力的创新创业型商科人才培养，需要突破传统商科人才培养的诸多局限，特别是要构建政府和市场主导的人才培养系统双向融合，聚焦于创造力这一根本要素，为体制内外创新主体培养创新创业型商科人才。挑战在于，“双创型”商科人才培养需要全面地重构人才培养系统。传统商科人才培养主体局限于高等院校等由教育部门主导的教育机构，这一系统下培养的商科人才能够满足既往经济增长与商业经营的人才需求。但是，在新常态下，市场中的企业作为创新的活力源泉和主体，基于创新的供给侧改革构成经济增长的主要路径，商科人才培养系统需要由“官办”向“民办”拓展，构建政府主导与市场主导双向互动的商科人才培养系统，才能有效地培养面向企业创新主体的“双创型”商科人才。

“双创型”商科人才培养需要根本性地改变培养的着力点。创新创业作为现行的能力特征，是创新驱动发展战略的根本性资源要素。但是，创新创业能力并非一蹴而就，而是建立在丰富创造力基础之上的。传统商科人才培养关注的创新创业能力定位于能力之“末”，未能有效解决创新创业能力之“本”的问题。因此，新常态下商科人才培养需要根本性地改变着力点，由创新创业能力向创造力转变。换句话说，创造力是培养出来的，而创新创业能力是人才个体在实战中“干中学”、能动地建构起来的。

“双创型”商科人才培养需要面向体制内外和组织内外两种需求。创新创业型人才的使用，往往局限于体制外或者组织外的创新创业如“创立新企业”等。事实上，创新创业还有其同等重要的第二重含义，即“创造新事业”。新形势下体制内或者组织内存在旺盛的创新创业需求，“双创型”人才培养不仅面向市场中的创新创业主体，同时也面向体制中的创新创业主体，为政府机构、社会事业机构等培养具有创新创业能力的商科人才。在新一轮商科人才培养的竞争格局中，不能顺应这一基本创新战略态势的商科人才培养模式将面临危机。新常态下创新驱动的供给侧改革，为商科人才培养创造了难得机遇，特别是对善创造、能创新与勇于创业的新型商科人才的需求急剧增长，高质量的“双创型”人才需求将在未来十年、二十年全面爆发。同时，供给侧改革中的体制机制创新，特别是人才选拔使用、任用开发等一系列机制创新，将为“双创型”商科人才培养提供持续不竭的活力源泉。

（四）商科人才培养接受新任务

目前，我国经济正寻求创新发展的新模式、转型升级的新动力，积极实施双创战略等重大战略举措，积极探索新技术、新模式与新商业，基于新兴信息技术对传统产业进行信息化融合、“互联网 +”改造，基于先进制造技术对传统制造业的工艺技术与产品技术进行创新升级。新兴制造产业（战略型新兴制造产业，如生物医药、高端装备、新能源汽车、绿色环保设备及船舶制造等）以电子商务为主的新兴商贸流通产业等新兴业态的发展态势增长快速，将迎来经济脱胎换骨的大变革。

1. 新技术

把握新技术革命和产业变革，数字经济的历史性机遇正在抢占未来发展先机，新技术正快速发展成为潜力巨大的新兴产业，提升经济中长期增长潜力，新兴技术也有望成为促进产业变革和经济转型升级的关键驱动力。一是新兴信息技术。以互联网为核心的新一轮科技和产业革命蓄势待发，移动互联网、云计算、大数据、物联网、人工智能等技术日新月异，虚拟经济与实体经济的结合给人们的生产方式和生活方式带来革命性变化。在新兴技术驱动下，加速了与经济社会各领域的深度融合，其日益成为引领经济社会发展的先导力量，也成为推动经济社会转型、培育经济新动能、构筑竞争新优势的重要抓手。新兴信息技术推动着产业界和全社会的数字转型，而随着与互联网、智能科技与传统行业融合创新发展，智能科技更是在除制造业外的教育、医疗、农业等领域发挥着重要作用。虚拟现实、区块链技术等新兴技术有望在未来推动数字经济持续发展。二是新兴制造技术。科技企业日益成为经济的重要组成部分和创新发展的重要推力。通过与传统的制造业企业进行融合，新技术不仅推动了制造业的数字化，还重塑了商业模式，助力新一轮产业革命。如今，先进的制造业企业纷纷利用新兴技术进行数字化转型，把握新一轮产业革命机遇。未来人工智能技术将进一步推动关联技术和新兴科技、新兴产业的深度融合，推动新一轮信息技术革命，成为经济结构转型升级的新支点。高级智能机器人、自动驾驶、3D 打印、数字标识、生物识别、量子计算、再生能源等技术也可能成为未来的重要技术。三是新能源与新材料技术。21 世纪以来，新能源汽车、稀缺矿石（如石墨烯）等的新能源新材料技术层出不穷，蕴含着产业技术革命无尽的创新可能。在此基础上，信息技术、生物技术、新能源技术、新材料技术等的交叉融合正在引发新一轮科技革命和产业变革。

2. 新模式

伴随着新兴技术的快速发展，新兴的产业发展和商业模式层出不穷，给各省甚至我国经济转型升级提供了全新动力。基于价值链的视角，新模式发生在价值链各个环节，包括技术研发、生产制造、物流供应、市场营销与服务等多个领域。例如，技术研发领域的众包模式，生产制造领域的智能制造、制造平台化与网络化模式，物流供应的智能供应链模式，市场营销领域纷呈的电子商务模式，以及服务领域的大规模服务定制模式，等等。“互联网 +”背景下，基于多企业共生的生态系统模式（如众创空间、孵化器、科技园区、创新集群），基于互联网的平台模式，以及公司治理的众创模式等正在引领产业经济转型升级。全新商业模式是企业对现有资源和营销手段的整合，充分利用互联网和电子商务等手段，结合传统的流通渠道，进行有效的资源配比，让企业的销售实现短期赢利和品牌长期发展。

3. 新商业

区别于传统商户从事的轻工产品和商贸流通等商业形态，在“互联网 +”等新兴技术和模式驱动下，近年来诞生层出不穷的新兴商业，这些新兴商业潜力巨大，或者已经成为经济发展的主流，譬如电子商务。

基于互联网的新兴流通、电子商务的新零售，移动电子商务等的发展也方兴未艾。新兴商户在“互联网 +”和电子商务领域的快速兴起，从根本上改变了经济发展的动力格局，从以传统制造、商贸流通和国际贸易为主的发展路径，转向以新技术、新模式、新商业为主导的新经济发展，有效破解了经济技术水平不高、规模小等传统弊端，开辟了独特的“互联网 +”发展路径。

不难看出,“互联网+”产业的兴起与经济转型,使商科人才培养接受新任务。商科人才培养需要放眼全球，同时更要植根本土，特别是地方高校商科人才培养，更要将具体任务落实到服务地方经济社会发展中。

在“互联网 +”产业兴起与经济转型背景下，商科人才培养接受了新任务。第一，培养“三新”型商科人才。“三新”型商科人才即掌握或者善于创造新技术、新模式与新商业的商科人才，区别于传统技能型商科人才。“三新”商科人才立足技术前沿，充分掌握先进技术概念，并将技术运用到商业中，立足新兴商业模式。第二，培养“互联网 +”型的商科人才。“互联网 +”产业是未来经济发展的主导动力，以这一地方经济发展需求为导向，培养“互联网 +”型商科人才，使得服务经济转型升级，是商科人才培养的重要任务。第三，培养新商。基于“四干”精神的从商人员规模庞大、蜚声海内外，构成经济的主体，立志成为现代中国第一人商帮。

新形势下传统商正在蜕变，新兴商正在成长。商科人才培养需要面向新商、服务新商，秉承新商精神，凝练新商精神，培养新商。新商的独特特征在于，具有天生的全球化基因和以创造力为核心的创新创业精神，勇于承担社会责任并遵循商业伦理，是年轻化、数字化、资本化的商业群体。在“互联网 +”产业兴起与经济转型背景下，商科人才培养的全新任务带来挑战。

第一，新型商科人才培养规模和效率亟待突破。眼下，相比于如火如荼的“互联网 +”产业发展，具有创造力的创新创业人才，兼具新兴技术、新兴模式与新兴商业等综合知识和能力的人才短缺严重。如何融合商科与工科，如何融合创新能力培养与创业能力教育，以较快速度培养出这类新型的商科人才，是当下亟待破解的首要命题。

第二，商科人才培养的供给侧亟待系统创新。新型商科人才培养不是无源之水，需要商科人才培养系统支撑，包括体制机制、资源基础和一系列质量保障。短期内，资源基础是新型商科人才培养的瓶颈，如面向“互联网+”的商科师资力量，新型商科人才培养的“互联网+”方法，以及如何打通人才培养主体和企业主体之间的组织鸿沟等一系列问题。

五、商科学生培养的启示

（一）加大社会的支持力度

在公共服务的基础之上，政府需要根据现在的情况对相关的政策进行调整，为学生提供必要的法律保障。法律保障是对学生就业自身权益保障的一种途径，但是由于当前的社会比较复杂，政府应该为学生提供必要的法律保障与政策支持。

对社会上的相关招聘更应该加强管理与监督，避免让不法分子有机可乘，加大对学生就业方面的指导与帮助，加大对资金投入的力度，为学生提供充足的社会支持，促进学生就业。

（二）强化对专业的培养

对专业商科学生的培养，应该不断优化课程设置，设置符合产业结构的课程，课程设置应该具有一定的灵活性，以适应人才培养的需求。伴随着社会经济的不断发展，很多企业政策也会随之调整，因此学校的专业设置与课程设置也需要进行调整，从理论到基础都需要保持人才培养目标与社会的一致性，强化对专业的培养。

（三）获得家庭的理解

大学生就业已经成为社会关注的热点问题之一，学生是家庭的希望，是学校培养的重点对象，学生自身也承担了一种特殊的责任，在大学就业这一问题上，学校与家庭的鼓励都是不可或缺的，家庭应该尊重与理解学生，给予他们更多的帮助，为他们树立信心。

（四）注重能力的提升

不管是社会、学校还是家庭的帮助与支持，都为学生在就业过程中提供了相关的帮助，但是还要依靠学生自身的努力，学生需要对自己有正确的认知，加强自身的能力，利用好在学校的时间，不断地完善自我，提升自己的能力，成为对社会发展有贡献的专业人才，将自己的专业能力与社会需求有机地结合在一起，培养自己的社会责任感，成为一个对社会有帮助的人。

通过对相关专业大学生的就业形势的调查、研究与分析，可以认识到学生对社会的认识还不是很成熟，学生自身的能力与社会发展的需求还有一定的差距，要想实现成功的就业，学生依然要付出一定的努力。目前来讲，商科专业的学生找工作并不是很困难，只是很难找到专业对口的工作。因此，除了社会的帮助，家庭的理解，学校的改善，学生自己也要付出一定的努力，自己努力才是生存之道，要做好各方面的准备，实现就业。

第三节　商科教育的国际化发展与借鉴

一、商科教育的国际化与本土化

商科是现代高等教育的学科之一，与理工、文法、农医、艺术等学科并列存在。商科最早被提起还是在 11 世纪商贸比较发达的时候，在中东部地区，由狄玛仕（Dimashq）提出，但是只是初步提出，没有特别系统化。有关于商业与贸易的基本思考，直到 18 世纪，德国学者卢多维奇（Ludovici）对之前学者对商贸业的研究进行了整理与完善，逐渐形成了今天的商学。

由此可见，商学比其他社会学科的起源要早很多，联合国教科文组织制定的国际教育标准分类中，商科（商学）被表述为“Commercial and Business Administration”，是指研究市场交易以及商业运行机理的学科专业和学问。1978 年出版的《国际教育词典》中，“商科教育”被表述为“Business Education”；美国教育部全国教育统计中心（NCES）在 1991 年前所用的学科分类中将商科表述为“Business and Management”。这种词语上的区别反映了商科是一个随着商业活动发展而变化的概念，也反映了商科与其他学科的关系演变。商科是研究企业经营及其管理的学科，所有具有营利性目的的企业活动均属商科范畴。作为专门研究营利性经营活动及其管理的学科是适应市场经济需要的重要学科，理应与理、工、农、医、法等并列，是一个较为重要的学科门类，因与经济社会发展高度适应，高等商科教育现已成为国内高教体系中发展最快的领域。因此，必须合理地规划高等商科教育的发展。我国商科教育既要重视国际共性，又要立足中国国情，同时突出商科教育的交叉融合性。高等商科教育应朝着国际化、本土化的方向发展，并应紧密结合和服务于地方经济与社会发展。

（一）商科教育的国际化经验及对中国的借鉴意义

随着我国经济全球化和市场化趋势的加强，商科教育的国际化势在必行。当前，我国商科教育正面临着发展的困境期和机遇期，一个重要的方向就是不断地深入推进国际化发展的步伐。商科教育的国际化，不仅是教学科研的国际化，更是管理体制和机制的国际化。现就世界主要发达国家包括美国、英国、法国、德国和日本等国的商科教育的发展情况简单介绍如下。

1. 美国

美国的商科教育分为中等层次和大学层次。美国的工业革命促使商品生产和交换达到了一定的规模，从而产生了对高层次商业人才的需求。

美国商科教育的培养目标是培养具备商业活动专业层面的活动能力、领导能力以及具备一定文化修养的有才干的专业经理人才和企业家。其在专业设置方面，有商务管理与管理服务学科类下属专业 49 个，营销运作 / 营销与分销学科类下属专业 14 个，主要包括会计学、财务学、统计学、营销学、组织中的人力资源关系、生产管理、经济学、商业政策。

美国高等商科教育可分为三种类型：二年制学院、四年制学院和大学。美国高等商科教育比较强调基础教育，普遍实行通才教育，也较为强调创新兼容，强调商业理论与商业实践的有机结合，教学计划上比较富有弹性，能够对社会上商业人才知识构成需求的变化做出迅速反应。在美国，研究生教育与本科教育的显著区别之一是，本科教育强调通才教育，研究生教育是专才教育。MBA 的培养目标是培养适应迅速发展和变化的社会经济，以及竞争激烈和复杂的外部环境，具有宽厚、扎实的基础，并精通某一专门领域的优秀的高级管理人才。

2. 英国

英国的现代教育体制起源于公元 6 世纪末。在英国的大学里，通常设有商学院，其中较为著名的商学院有伦敦商学院、伦敦经济学院、曼彻斯特商学院等。

英国的大学在法律上是独立的组织，可以自行决定其专业设置。英国商科院校通常按文科设置专业。目前，绝大多数商学院本科生都以经济学、行为科学、定量方法、会计学、法学为基础课程，许多院校还设有市场营销、财务金融、人力资源、经营管理等学科。越来越多的院校要求学生至少选择一门现代外语，并要求在工商企业界或国外实习。商学院专业都有自己的核心课程与选修课程。近年来，英国商科教育中一个新的发展方向是，各院校都普遍向学生提供跨学科或跨专业的课程。这种跨专业的课程突破了传统的专业设置，将理、工、文、商、农、医等各专业的课程根据学生的意愿自由地组合在一起。英国高等商科教育比较注重要加强与工商企业界的密切联系，政府明确地鼓励高校加强与工商企业界的联系，并设立教育基金；在课堂教学上广泛采用课堂讲授、辅导、案例分析、企业实习、计算机模拟、研讨等各种先进的教学方法；采取宽进严出的教学体制，在商科教育上更加重视国际化。政府积极倡导“教育出口”，各高校每年都接收大量的外国留学生；政府还鼓励高校与国外的高校建立联系，开展建立分校、合作办学等各种形式的学术交流。

3. 德国

德国的商科教育从诞生之日起，就与工商企业界有着密切的联系。德国商科教育深受哲学思辨传统的深刻影响。为使商学真正成为一门学科，德国的学者们做了大量的工作，工商企业界也积极介入商科高教改革，企业家对现代商科的发展起到了积极的推动和促进作用。德国商科教育专业导向向通用和专业相结合的方向转变。德国商科教育的初期阶段基本上是专业导向的，但随着社会分工日益深化，企业面临的经营环境日趋复杂，就业市场的被动性增大，商科教育才逐渐由人才教育向普通教育转化。这种专业导向的商科教育模式已经难以适应经济发展的需要，只有对商科教学内容进行系统的改革，才能使德国商科教育实现通用和专业相结合。

4. 日本

日本近代商科教育是从明治维新开始的。其办学主要采取国立、公立和私立三种形式。商科教育在私立学校所占的比重要比国立学校大得多。日本的高等商科教育有三个层次，即专科、本科和研究生层次。商科教育的培养目标：一是造就高级商业管理和研究人员，为政府机关输送干部；二是适应社会需要，为企业培养经营管理人才；三是为商科教育培养师资。日本商科教育在很长一段时间内采用一个学部一个专业的做法，也就是说，商学部只有商业专业，不再细分若干专业。商学部一般把商业活动的所有课程都纳入教学中去，以扩展学生的专业知识面。

在课程结构的安排上，日本的商科教育专业理论基础和应用并重，以体现其科学性、规范性、超前性和连续性的特点。

5. 法国

在法国，公立大学设置商科专业，还有专门的商学院。与一些普通的大学来讲，公立大学的商科专业更倾向于理论研究，商学院的教师一般都是公司的管理人员，社会经验比较丰富，因此对学生的教育也比较全面，会涉及很多的实践经验。

商学院的培养目标是培养出高素质的商业人才。再加上法国商学院基本上都是独立办学，学校所受的限制比较少，可以根据社会的需求与学生的学习需求灵活地设置课程与教育方式，主要包括基本的课堂讲授、研讨课、工作室试验、案例讲授、实践课等方式，法国商学院对学生的学业考核方式主要有考试和作业两种。

总之，法国商科教育以私立学校为主，采取企业的运作模式，和公司、企业间的合作比较紧密，学生实习锻炼的机会多。商科教育的国际化就是指商科教育要具备国际理念、国际思维，开展商科的国际交流与国际合作。

6. 对中国的借鉴意义

无论是课程设置还是教学内容，无论是师资结构还是生源情况，无论是教学方法还是资源配置，都要体现国际化的特点。其主要包括商科教育观念的国际化、商科师资和生源的国际化、商科教学的国际化。商科教育观念的国际化主要反映在人才培养理念、教学目标创新等方面。商科师资的国际化主要是指教师要来自不同的国家和地区，因其有不同的文化背景。商科生源的国际化主要是指有来自不同国家和地区的留学生共同生活、学习。商科教学的国际化主要包括教学过程、教学手段、教学方法、教学内容、教学实践、教学课程安排等方面。

高等商科教育要紧跟经济全球化的步伐，将其置于经济全球化的大背景下去发展，面向世界、面向国际市场。首先，商科教育要实现外语化教学。商科的不少专业特别是与商务有关的专业，如商务谈判、商务会计等都要实现外语化教学，这样有利于培养从事国际商务活动的商务人才。其次，在课程设置上要有全球化的意识，密切跟踪国际商科教育的最新动态，尽可能让大量国际信息进入教学过程。积极加强国际合作，有条件地设立国际交换课程，在海外建立分校，开展互派教师和留学生活动，积极开展国际合作交流，积极推动商科教育的国际认证。在师资结构上采取“请进来”与“走出去”并重的原则，一方面邀请国外知名学者来华讲学，另一方面以多种形式派遣中青年教师出国进修。

我国商科教育国际化的目标，就是通过商科教育的国际化，培养出更多具有国际竞争力的人才，培养出富于开创精神与国际视野的综合性管理精英人才，适应中国的发展变化，也同样适应国际竞争的要求。

形成具有中国特色与世界标准的商科教育理论体系，想要推动中国商科院校在专业设置、教学内容、教育方式等方面的发展，就要加强国际合作，不断提升中国商科教育的发展。

每所高校因所处的地理环境、人文环境等不同，教育国际化的道路有所区别。但高校要发展，就必须走国际化的发展道路。特别是以财经见长的高校，要做好财经文章，在国际化的学科特区、国际化的人才引进方面都要有所倾斜。以学科性学院为依托，提升国际化办学层次和水平，探索建立独立建制的国际商学院，加快国际化进程。对海外高水平高层次海归人才实行灵活的特殊政策。

积极创造有利条件，与海外知名大学合作建设更多项目，为学生出国学习创造条件。整合师资力量，完善培养计划，构建综合管理机制，优化留学生来源，加大力度建设全外语授课留学生专业。继续实施开放办学，提升国际交流与合作的层次和水平；积极加强国际化专业及课程群建设；努力营造学校的国际化氛围，提高师生对教育国际化的参与度，全面推进国际化财经人才培养、中外合作办学、优质教育资源引进、留学生教育、国际科研合作交流等工作。

当前高等教育国际化的浪潮推动了世界商科教育不断进行改革，商科教育的内容不断丰富，在专业设置、教学手段、教学管理等方面注入了新的活力。总之，我国的商科教育国际化正在不断地推进。

（二）商科教育的本土化探索

我国的商科教育历史悠久，早在清朝光绪年间颁布的《高等学堂章程》中，就出现了商学，这是当时的八大学科之一，在民国初年颁布的《大学令》，借鉴了欧美的教育模式，将商科归纳到七学之一，一直延续到中华人民共和国成立。

中华人民共和国成立后，由于受计划经济体制的影响，财经取代了商科。直到改革开放之后才将财经类学科修改为经济、管理类。1998 年再次将管理学独立成与经济学并列的学科，而商科被集中调整到管理类下设的工商管理类学科中，当然在其他学科中也有商科的成分。

经上述分析可以得知，虽然我国的现代商科教育的历史已有百年，但是也历经多次发展，至今虽然依然存在一些问题，但是从现代商业发展的规律与各个国家的教育中可以发现，商业教育在学校的教育体系中仍是主流，占据着重要的地位，商科教育的价值仍有待挖掘。

在追求本土化的过程中，既要正确处理好大学商科教育与政治经济社会之间的互动关系，又要处理好国际化经验与本土化创新实践的关系。这需要我们顺应国际商科教育发展的主流和趋势，兼顾中国国情特点，实现商科教育本土化与国际化的互动。

长期以来，我国的高等商科教育不能完全满足经济社会发展的需要，商科教育仍然处于专才培养的阶段。其主要体现在以下几个方面。

首先，商科教育的办学理念和办学模式跟不上时代发展的要求。培养的学生很难适应现代商贸发展的需求。商科教育培养的是能够适应现代商业竞争和国际化发展方向的现代商贸人才，其办学理念、办学模式就显得尤为重要。很多学校的商科是从传统的财经学科发展而来的，重宏观，轻微观；重国家政策，轻企业决策；重价值判断，轻实证分析。这样一来，培养的学生社会竞争力差，很难适应现代商贸发展的需求。

其次，部分专业设置不能适应社会主义市场经济发展的需求。长期以来，我国商科教育没有明显的市场导向，学科意识不强，专业设置甚至与市场需求脱节。不少商科专业调整步伐缓慢，大大限制了商科人才培养的质量。

最后，没有很好地实现课堂教学和实践教学的有机统一。商科和其他学科一样，传统的灌输式课堂教学模式依然是主流。商科是一门实践性极强的学科，但现实的情形是多数商科缺乏实践教学的环节，即便有也只是走走过场。再者师资方面，研究型的教师占大多数，实践型的教师仅仅占很小的比例。这对于实践性很强的商科来说显得尤为不利。

高等商科教育的本土意识，要体现“中国特色，中国制造”。因此所要培养的人才必须是要懂得一定经济知识与管理知识的学生，对于商科学生而言，学生的素质关系到他们未来的发展，甚至会对中国的经济产生影响。

商科是一门应用性很强的学科，借鉴国外先进的经验固然很重要，但是也不能完全地照搬照抄，要根据本国的实际情况，结合自己国际的实际经济发展情况，适当地引进与借鉴并做出正确的判断。

商科教育虽然一直在强调与国际教育相结合，但是也必须提高自己的本土意识，尊重我国客观实际，注重中国特色社会主义与市场经济的特点，在课程设置等方面体现出中国社会主义市场经济的特点，实现特色教育。

具体地说，高等商科教育的本土意识，就是要体现我国的商科人才培养特点，体现一定的行业性和实践性。我国的商科教育的知识结构应该既有行业的普遍适用性，也同样具有行业的个性。

高校商科人才的培养不一定要一味地追求学科知识的完整性与系统性，除此之外还有很多值得关注的点，根据社会的需求与行业发展的变动重新构建自己的知识体系，高校要助力于学生掌握一定的理论知识，还应具有一定的时间应用能力，商科教育本身对实践性与创新性的要求就比较高。

商科人才与其他工科人才的培养不同，必须付诸一定的商业实践，真正去公司、企业实习，进行实际的商务沟通。要在实际工作中运用商业理论知识指导实践，开展公司商务活动，为公司的发展出谋划策，体现一定的社会性。商科教育的社会性主要体现在，商科教育所培养的是具有较强社会适应能力的人才，其所从事的主要是面向商贸的活动。因此，商科人才的培养更需要政府和企业的共同参与。高校的商科人才培养单单依靠学校是很难实现的，还需要利用更多的社会资源才能达到其培养目标。因此，必须聘请部分政府官员、企业老总等为学校的兼职导师，加强“双师型”专业教学团队的建设是实现商科人才培养目标的关键所在。

二、商科教育的多科融合

狭义的商科是指在市场经济的体制之下，主要针对商品市场，对相关商业机能进行研究，商业机能可以有效地消除市场的社会、经济隔阂，相应的学科主要是指围绕商业开展的，如市场营销等。

广义的商科是指以商品市场为核心，针对商品市场以一些相关要素的市场进行的综合性研究。伴随着经济的发展，市场主体与其功能开始不断分化，不仅由商品市场，还衍生出了一系列的辅助市场，再加上现代市场的交易方式与交易对象等开始不断出现变化以及各种高科技产品的不断应用，商科的内涵与定义开始慢慢延伸，实现了多学科的融合。

商科教育已成为国内高等教育体系中最具发展潜力的领域之一。但是，在当前环境条件下，传统的商科教育模式已无法满足新商科的成长发展诉求，多科融合的商科教育，成为具有现实价值和长远意义的选择模式。

经济的发展与变革给高等商科教育的发展也带来了一定的影响，高等商科教育培养的教育管理理念帮助学生打下了坚实的基础。高等商科教育为国家的经济建设发展培养出了一批又一批的人才。

经济发展的现实对高等商科人才提出了更高的要求，同样对培养高等商科人才的商科教育也提出了更高的要求，高等商科教育要根据社会的发展，调整自己培养人才的方向。根据现有市场的标准，培养目前市场中短缺的人才，对未来市场的发展有自己的判断，可以推测出未来的发展方向，培养出更多具有前瞻性的人才，随着市场的发展，培养人才的质量会越来越高。

我们要正视商科专业内涵的扩大化问题。商科专业应该包含有关商业以及设计商业行为的各种应用型学科专业。商科教育的多科融合，不仅涉及商科专业种类的组合，更涉及大学整个学科专业的组合过程。实现商科与相关学科的有机融合，是经济学上重要的理论基础，高等商科教育也是在经济学科的基础上产生的。经济学科为商科的发展提供了方向。

商科与经济学科的关系，大致经历了三个阶段：经济学胚胎阶段、经济学与商学混合阶段、经济学与商学分立阶段。

经济学院独立设置商学院，已经成为高校建制的普遍的形式，虽然是在经济学院独立设置商学院，但是彼此之间的关系并没有割裂，经济学院所研究的内容与商科所研究的内容是有密切联系的。

管理学与商学之间的关系，就是一种相互融合的关系。商务活动的开展，需要借助有效的管理，因此出现了商务管理的相关定义，商务管理就是商科概念的关键所在，成为商科教育的重要分支，工商管理作为一个学科开始单独出现，还有专门的商务管理学院等。

实现商科与其他学科之间的有机融合，也是大学建制的重要参考依据，商科与这些学科之间还是存在明显的差异的，但是现代的商务活动已经成为日常生活中必不可少的组成部分。

商务的内容要素最经常的体现就是，理工科产品需要现代科技的支撑。每一项商务活动必须遵守法律。不管是中国最古老的商人，还是现代社会的商人，商业文化、商业历史已经在不断的积累之中慢慢发展。现代商务的不断扩展，出现了很多新兴的产业，因此就更需要商业与相关学科之间的融合，多学科的融合是社会发展的需求也是历史趋势，不仅是商科也是其他学科都需要重视的问题。

商科教育在经济全球化的浪潮下，承担着为知识经济培养和造就人才的重任。因此，必须建立体制科学、布局合理、规模适当、机制优化的高等商科教育体系，突出商科教育自身的特色与自我定位，实现本土化和国际化的有机结合。

中外融合、立足本土，服务国家发展战略和地方经济社会发展。深化商科教育体制改革，从制度上完善商科教育的教学、科研、社会服务和文化传承功能。

商科人才的培养，必须立足中国，面向世界；必须立足现在，面向未来。既强调国际视野，也不脱离本土意识，立足于国家战略和地方经济发展，培养高素质的复合型商科专业化人才。

随着国家高等教育政策的不断调整，特别是国家“双一流”建设高校名单的出炉，高等院校的竞争日趋激烈。高等院校紧随国家战略，积极推行省重点高校建设计划，努力实施高校强省战略。

随着世界经济的不断发展，中国正处于转型升级的重要阶段，人才短缺的弊病日益显露。作为培养商科人才的摇篮，大学应该坚持自己的教育理念，培养出更多具有社会所需求的人才，完成自己的教育任务，加强教学建设，积极探索人才培养模式，促进人才教育模式的改革，深入开展相关教学活动，提升高校的人才培养教育质量，提升学校的办学水平。大学教育对于社会的发展具有很重要的意义，只有大学教育质量提升上去，才能更好地助力于中国的社会发展。

第二章　实践教学

实践教学的提出是为了更好地指导学生正确理解知识的作用和实践的重要性。一个学生能够在课堂上学习到多少有用的知识，已经成为衡量一个教师教学水平的标准之一。学生的实践能力如何受到社会的广泛关注，是教师教学需要关注的重要问题。实践教学是一种能力的培养式教育，不让学生接受单一乏味的说教教育，不让学生做分数的傀儡，力求为学生创造出愉悦轻松的学习氛围，在实践教学的开展过程中体验知识的魅力，激发学习动机，达到学以致用的效果。本章分为实践教学概述、实践教学体系的构建以及实践教学的人才培养模式三部分，主要内容包括：实践教学的内涵、实践教学的特点、实践教学的实施步骤、实践教学体系的概念等。

第一节　实践教学概述

一、实践教学的内涵

实践教学的内涵主要是阐述清楚教学的主体和应用范围，帮助教师和使用者明确方向与主体，为教师制订实践教学方案，明确实践目标，选择教学手段，提供导向和空间。在具体的实践教学过程中，常见的几个问题有：第一，教师过分地参与课堂；第二，错过实践教学的机会；第三，学生难以适应实践课堂；等等。其实这些问题的根源都在于没有很好地理解实践教学的内涵，没有把握好实践教学的主体和应用范围，造成了实践教学运用上的不必要错失。

（一）实践教学的主体

在实践教学中，先要明确实践的主体是学生。实践教学是以学生为主体，开展实践活动的形式，激励学生主动参与、主动思考和主动探索，以促进学生总体素质全面发展的一种教学形式。在过去的传统中，课堂的实践主要放在教师身上，由教师讲，教师写，教师评。实践教学使教师和学生在教学上的角色任务发生了重大的变化，它巧妙地运用了实践的平台，巩固了教师“导”的地位的同时，把课堂的大量时间留给了学生“践”，如此，不仅减轻了教师的负担，同时也能提高学生动手、动脑的能力，提升课堂参与度。

（二）实践教学的目的

实践教学的目的是教育主体的主观意图和主观愿望。在实践教学过程中，这一目的表现为培养目标。任何教学活动都应该围绕培养目标进行。教师是实践教学中实施培养目标的主体，教师根据培养目标，结合教学实际，将培养目标细化到实践教学中，让学生发生符合自己目的的变化。

此外，学生作为实践教学的主体，也具有自己的学习目标，但有时学习目标会与培养目标之间不一致，教师所教可能不是学生所需要的。但从整体上来说，实践教学的培养目标与学习目标是一致的，而且只有培养目标与学习目标一致，才能够实现实践教学的最大效能。

（三）实践教学的手段

在实践教学过程中，手段是非常宽泛的，不仅包括实践教学的工具，也包括实践教学的方法、方式、环境、场所等。实践教学手段对实践教学效果有很大影响。例如，实验设备的数量、质量对实践教学都十分重要，如果缺乏先进的仪器，就难以提升实践教学质量；如果没有足够数量的仪器，学生就不能进行充分的训练。此外，现代实践教学越来越重视实践教学环境的改善，尤其是实践教学基地的建设，没有稳定的实践教学基地，就难以稳定开展实践教学。

（四）实践教学的应用范围

狭义的实践教学观念认为只有在室外进行的社会调查、实习活动和实践操作等活动才算是实践教学。其实，那些只是实践教学中的一部分。由于条件的限制，有些课外实践活动可能难以进行，我们更强调的是课内的实践教学。我们提倡的实践教学并不仅局限于操作实践范畴，对于理论的学习，实践教学同样适用。

在理论教学中之所以要强调实践教学，是因为对于理论知识的传授，教师大多采用一言堂的方式，理论的枯燥性、重复性使学生对学习渐渐失去兴趣，难以实现身心方面的和谐发展。除此以外，理论教学也应该是从实践中来，应用到实践中去的。教师单一地为教理论而教的做法显然过时了。实践教学的课堂必须提高其创新性，从而更好地拓宽实践教学的应用范围。

二、实践教学的特点

教师要采用合理的教学手段和模式来激发学生的学习激情，实践教学就是一种不错的选择，通过实践的刺激，促使学生发出“我想做，我要学”的呼声，使其主动积极地参与到实践教学的课堂上。实践教学重在对知识的学以致用，通过实际操作，体现知识的魅力，进一步激发学生的求知欲。另外，除了对实践能力的培养外，实践教学也重视理论的指导作用，强调学生在实践前的理论知识的掌握。最后，实践教学实行的多元评价也受到了学生的欢迎，通过多元评价机制，学生能够有更多表现自我的机会，避免了被过多拘束在卷面分数上的弊端。

（一）注重知识学以致用

实践教学重在实践。科学合理的实践应该是要从学生的已有知识和生活实际出发，想方设法激发学生主动实践和主动合作的积极性，在实践中发挥学生运用知识解决实际问题的能力，在学以致用中训练学生综合提取知识，跨学科解决复杂的、综合的以及涉及知识面广的问题，使学习更接近生活实际和社会实际，有效地培养学生的实践能力。

（二）注重实践能力培养

实践教学有别于其他教学，其主要通过各式各样的实践活动，如角色扮演、沙盘演练、实地训练、任务驱动、项目导向等，让学生亲自得出结论，体验学习知识的快感，增强对事物的新认识，并培养科学探索能力。教育作为培养人的活动，除培养基本的生活知识和技能外，更要培养学生的好奇心与创造能力。实践教学作为教育第一线，自然成为培养学生的好奇心与创造能力的重点领域。教师是课堂教学管理的组织者，基于人的好奇心与创造性，必须根据具体情况寻求新的有效的实践教学途径。从学生的角度来看，长期的、稳定的传统教学模式容易使其有疲劳感，不容易激发其活力，没有新鲜感。这要求教师在教学过程中要引导学生走不同的实践途径，达到实践求知的目的。

（三）注重学习多元评价

注重学生的自我评价是实践教学体制中的关键部分。通过学生不断地对自己的实践学习进行评价，如反思实践的方法是否合适、测试掌握知识的情况和对知识实践运用程度如何等，促进学生自我提高，有利于学习目标的实现。

实践教学立足于课堂，终结性评价成效不大，必须在不断改进终结性评价的同时，重视学生的形成性评价，如通过学生的实践笔记、小制作以及学生面对面的交流、切磋等实践活动进行形成性评价，有利于教师了解学生，掌握学生情况。

（四）注重教学操作灵活

实践教学的灵活性是指课堂教学中突破传统的、固定的和僵化的管理模式，针对课堂实际需要，灵活选择实践策略，也就是不能以管理模式代替实践活动，要根据不同的学生、不同的团队、不同的情况采取不同的实践教学途径。

灵活性的运用还表现在实践策略不是单一的、孤立的，而是多元的、综合的。实践教学的主方向在于发挥学生的主观能动性和实践能力，以学生为中心，引导学生对所学的内容进行主动参与、主动思考，从而获得知识，但学生的自主与教师的指导不是孤立的关系，教师要在尊重学生选择的基础上进行指导，学生则在教师的指导下进行实践活动，二者之间以互动为纽带，形成和谐的实践机制。

三、实践教学的条件

在实践教学中，强调营造民主和谐、生动愉悦的教学氛围，激励学生的学习认知、情感和动机。当然要做到以上所说的，首先要坚持实践教学的条件，即必须秉承先进的教育理念，形成民主、平等的教学气氛，建立最佳的实践教学情境。其次在实践教学过程中要注重内容的操作性，实践教学的教学目的是为学生创造一个可操作的学习平台，让学生从中动起来、做起来，在轻松愉快中获得新知识。这样的教学方式有利于激发学生的内在学习欲望和热情，让学生更积极地投入课堂学习活动中，成为课堂的主人，学习的主人。

国家教育课程改革促使教学观念、教材、教学策略、教学情境重组，为实践教学在教学活动中的突破起到了一定的促进作用。在过去，课堂教学中的多种形式都被定式了，过分注重传统的条条框框，不利于实践教学的发展和推广，但随着新的课程因素的增强和教学环境的改变，常规的教学框架发生了变化，但要想实践教学能顺利开展，学校还是必须为其创建积极的发展条件，尽快淡化空洞的教学形式，把更多的精力和注意力投放在实践教学的创建与完善上，为实践教学创造切实的教学条件。

（一）先进的教育理念

教师的主要任务是教书育人，但繁重的教学任务让教师很少有时间去仔细反思自己的教育行为以及不断更新自己的教育理念。实际上，我们在分析一些教育专家与优秀教师的案例时，可以总结出一个结论，即他们表现出色的原因之一是他们比其他教育工作者有更为先进的教育理念。同样，在实践教学中，不同的教学环境和教学阶段都需要教师因地制宜地提出适当的先进教育理念，在遵循教学科学规律的同时，突出其严密性。

（二）具有较强操作性的教育过程

实践教学与理论教学具有同等的地位，是培养人才、提高素质、开拓思维的重要举措。要想在实践教学中取得成就，先要立足于教师和学生共同参与的操作性活动，在操作中学习和提升，在学习和提升中完善操作，以真正体现实践教学的魅力。

创造操作性的条件有很多方式，要强化“实践育人，操作为先”的意识，深化实践教学改革，切实加强对操作性教学的开展和落实，采用适时、适度和有效的操作措施，确保实践教学的教育理念在操作教育的过程中得到充分的体现。

强调操作性的教育过程，对教师来说就是以操作活动的形式开展课堂教学，提高课堂活力；对学生来说，这是掌握知识与技能的关键，有利于提高实践能力和创新能力；对实践教学本身来说，通过操作性的教育过程，验证实践教学的效果，推动实践教学向规范化、系统化发展。

（三）科学的教学评价机制

克服传统的教学评价机制，侧重操作能力的评价，以发展和动态的标准评价教师的教与学生的学。作为教学指导与教学管理的重要手段，教学评价能够为教师的课堂教学提供科学的信息。建立科学的评价体系有利于实现评价目标，达成评价目的。为了实现良好的实践教学效果，实践教学必须建立科学合理的评价机制，评价必须做到既要能够对学生的学习成果进行公正的评价，也要关注学生的学习过程；既要发挥教师的评价作用，也要加强学生自评和他评的力度。通过评价的诊断作用和激励作用，帮助学生认识自己、欣赏自己、正视不足、树立信心。

四、实践教学的原则

在实践教学过程中必须遵循三大原则：教育性原则、实践性原则和创造性原则。在三大原则的指导下，引导学生在实践教学中主动参与，亲身实践，独立思考。从素质教育的角度来看，教育的基本方向应当是培养学生的综合能力，在对待实际问题时要做出判断和行动，在解决问题时要具有创造性思维，多思考，从而高效地解决实践中的各种问题。

（一）教育性原则

实践教学必须遵循教育性原则，教学过程要符合教育要求，加深对教育本质和规律的理解认识，从而提高实践教学效率和质量。教育性原则是实践教学必须遵循的最主要的原则，实践教学的开展都建立在其基础之上，如果违背了教育性原则，实践教学的教学目标非但不能很好地完成，反而会适得其反。

一般情况下，建议通过实践带动学生参与活动的积极性，内化感悟，从而产生一种学习的内驱力，以此推动学生群体产生兴奋、激动和快乐的学习情感，实现教育的目的。教师要以教材为载体，引导学生在实践活动中生情、动情、移情、抒情。整个实践教学过程通过感受“美”去激发“爱”，将教学的教育性渗透其中。

（二）实践性原则

实践性原则是实践教学必须遵循的基本原则，贯穿于课堂教学的全过程。在教育过程中，学生学习的对象是间接经验，但并不意味着直接经验或实践活动不重要。没有一定的直接经验或实践活动为基础，就难以学习掌握间接经验。实践教学必须坚持让学生以自己在以往的活动中积累的或现时的活动中获得的直接经验为基础，通过教师和学生的实践活动完成学生把间接经验、书本知识转化成自己知识的过程。

（三）创造性原则

在过去的教学环境中，学生几乎完全依赖教师进行学习，学生较少进行创造性思维的训练，逐渐养成了依赖心理，导致创造心理淡化。因此，加强创造性训练，培养学生的创造性思维是非常必要的。

为此，实践教学提出要遵循创造性原则，教师引导学生以实践的模式完成学习和运用知识的任务，在实践中掌握知识，在掌握知识中发展智力，在现有知识中绽放思考，最终达到透彻地理解和创造性地运用所学知识的目的。

五、实践教学的范式

实践教学的教学目的是检验学生所学理论与方法，采用相应手段，按照教学要求进行实践性的教学活动。学生通过实践训练，一方面可以把理论知识与实践操作紧密结合在一起，让教学结构安排更为科学合理，把理论知识和实践一体化；另一方面实践活动涉及知识领域广，对比于教师按部就班的单一讲授，学生学习的自由空间更大，这在客观上为学生创新意识和创新能力的培养创造了客观条件。

在课堂教学的改革过程中，实践教学突出以促进学生总体素质全面发展为主要目标，根据马克思关于人类的生产活动是最基本的实践活动的哲学原理，借鉴社会学、管理学和实践观等理论，建构出实践教学体系。通过提出科学合理的教学范式，增强实践教学的生命力，提炼出实践教学本身的魅力。

（一）重新审视课堂，提高教育的整体质量

实践教学对传统课堂进行重新审视，确定以激励学生主动参与、主动思考和主动探索为课堂基本特征，引导学生在实践中掌握知识，在掌握知识中发展实践能力。教师通过组织学生进行角色扮演、沙盘演练、实地训练、任务驱动、项目导向等实践活动，丰富促进学生素质发展的教学途径，有效地培养学生的学习兴趣和求知能力，从而提高教育的整体质量。

（二）架起沟通桥梁，形成最佳的交流氛围

实践教学通过亲和的人际关系和活跃的实践氛围来架起学生与教师、与同学和与教学内容沟通的桥梁，形成最佳的交流氛围，促使学生主动参与、主动思考、主动探索，以获得主动发展。具体表现为亲、和、融的人际关系，把教师与学生、学生与学生之间的距离越拉越近。活跃的实践活动氛围能够有效地缩短学生与间接经验之间的距离。

（三）利用参与效应，有效地强化主体意识

为了突出学生的主体地位，教师想方设法营造各种氛围让学生主动参与实践活动，不断提高课堂参与率。以角色扮演式实践教学为例，教师让学生在已创设的特定情境中担当不同角色，扮演不同角色，完成实践活动，这样会使学生自然而然地由“扮演角色”到“进入角色”，有效地强化了学生的主体意识。

（四）突出实践创新，促进综合素质全面发展

实践教学突出实践创新，强调实践的途径和应用、创新的多元和求异。实践的途径是开放的，教师可以在课堂上多渠道地组织学生开展实践活动，而对于实践模式的应用也是因时制宜、因人制宜、因学制宜的。通过实践教学培养学生的创新能力，主要是培养一种创新的精神、创新的欲望和求异的思维品质。

六、实践教学的意义

实践教学不仅拓宽了教学科学化的体系，而且有效地解决了教学的主导与主体关系，开拓了教学理论与实践研究的新视野。

（一）实践教学把人文课堂变成现实

怀特海（A. N. Whitehead）指出，“没有纯粹的技术教育，也没有纯粹的人文教育，二者缺一不可。”当今世界发展需要一个由科学教育和人文教育构成的完整教育，才能促进人和社会朝着符合人需要的方向和谐、全面地发展。实践教学正是努力把科学教育和人文教育结合于课堂，以人的情感投入作为机制，把人文课堂变成现实，其表现如下。

1. 以“情”激“情”

在实践教学中，教师的真情实感不仅是他自己对事物的感受体会，还是教学内容中所倡导的更高层次的社会性情感。所以，教师首先要通过教学内容中的情感因素来激发自己的情感产生共鸣，其次依靠情感表达传递开，从而感染学生，产生新的情感共鸣。

2. 新“情”与旧“情”结合

在实践活动中，学生的情感社会化表现为既有积极因素，又有消极因素，可以理解为旧“情”，当新的实践活动开始，蕴含在实践内容里的情感性质将促使学生产生新“情”，形成新“情”与旧“情”相结合的趋势，学生的情感将以螺旋式提升，发展成更高层次的社会性情感，令课堂氛围更加地活跃起来。

（二）实践教学把互动课堂变成现实

实践教学将教师与学生在课堂中的地位与角色进行新的定位。强调围绕着实践活动，教师作为“导演”，学生作为“演员”，积极开展师生互动交流，让学生进行实践性学习。在传统教学中，教师在课堂中居于主导地位，学生主要作为“听众”。而实践教学注重师生互动和生生互动，充分尊重学生的主体

地位。落实好教师的“导演”角色，使学生有充足的机会在实践中互动，共同切磋，共同提高。

（三）实践教学把小组学习课堂变成现实

实践教学改进了传统的学习小组，建立了独具特色的实践学习小组这一学习共同体。其要求小组内部个体存在合理差异，小组之间相对均衡，为实践活动进行竞争创造条件。学习共同体的实践方式是依赖所有成员的合作努力，在实践内容和实践结果方面也有很强的相互依赖性。实践教学课堂变成了各学习共同体主动参与、主动思考、主动探索的过程，形成了互相实践、互相切磋和共同提升的氛围。这是对小组学习理论的创新和发展。

七、实践教学的模式

（一）实验室模式

实验室模式是实践教学模式中最常用的模式。特别是对于高校探究工程、技能训练具有极大的教育意义。由于全方位的实验室模式比较难实现，但学校可以适当地对科学类、数学探究类学科配备相应的实验室，有利于学生把理论运用到实践中，同时培养学生的实践能力、创新能力和团结协作能力。

这种模式是实践教学模式的基础。它是在教师指导下，组织安排学生到能满足其实践需要的具备相应技术装备的实验室，通过参加学科或课程实验而获取相应知识，培养动手操作能力、创新能力等的实践教学模式。

从学生的学习兴趣来看，通过实验的模式开展教学，能够极大地刺激学生的好奇心，满足他们的求知欲。从实践教学成效来看，能够有效地优化出“理论问题—方案设计—实践应用—实践总结”的一种实践教学途径。

当然，实验教学在操作上会比普通的教授式教学要费时、耗资，所以教师在上课前必须做好充分的准备工作。实验目标必须明确，实验方案设计必须完整科学，以确保实验效果明显；在指导学生实验操作时要尽可能耐心，及时解决学生实验中所遇到的问题，对学生的操作进行全方位的监控，保证实验过程正常运作以及实验活动安排有序进行。

（二）个性化选择模式

个性化选择模式是在实践教学过程中随着现代社会发展而逐渐形成的、体现“以人为本”思想的现代实践教学模式。所谓“以人为本”的教学模式就是指根据素质教育提出的"两全"要求，教师在教学过程除了要面向全体学生以外，还需要面向有差异的每一个学生个体，承认学生在发展中存在的差异性，在教学中不搞平均主义，不搞取平补齐，要具体地根据每一个学生的不同特点，帮助他们取长补短，在自身原有的基础上获得最优最全的发展。通过"以人为本"的教学实践，充分挖掘学生自身存在的潜能，在实践教学的个性化学习中绽放自己的光彩。

八、实践教学的实施步骤

（一）前期准备

在实践教学开始前，先需要做一些基本的前期准备工作，包括教师的前期准备和学生的前期准备。做好前期准备工作，是全面提高实践教学质量、全面完成实践教学计划的关键。也可以说，有效的前期准备工作是顺利开展实践教学的基础。

1. 教师准备

教学实践表明，在任何教学中无师不成教，没有教师的学习活动不是教学，实践教学也是如此。教师是实践教学活动的参与者和组织者，为实践教学的顺利开展提供智力支持。教师的主要目的是为学生提供服务。教师对实践活动的设计、对实践活动的引导以及对实践问题的解答等，是让实践教学顺利进行的重要因素。

（1）恰当定位实践教学，转变教学观念

随着社会突飞猛进的发展及科技的不断进步，当今社会对从学校走出去的学生也提出了更高的要求，学生不仅要有扎实的基础知识作为支撑，还要不断增强自身的实践能力并具有创新能力。实践教学的重要性已经得到社会各界人士广泛和充分的认同，但是很大程度上只停留在观念上，缺乏落实或落实不到位。特别是有些教师受传统教育的影响，只注重从理论到理论，即存在知识中心观，教育以理论知识为轴心运转，即使在实践教学的全过程，也是掌握并控制着教学活动，未能让学生积极投身于实践，使学生处于被动接受教育的地位。

此外，有些教师虽然意识到实践教学在培养人才中的重要意义，却走向了另一个极端，认为实践教学和理论教学是截然对立的两个方面，因此将二者割裂开来。依据马克思主义基本原理，实践与理论的联系是不能割裂的，实践是理论的源泉，理论是实践的方向，实践与理论是互补的。所以，在实践教学中，需要正确处理好实践与理论的关系，树立以学生的活动为中心的观念和理论与实践相结合的理念。

坚持教师为主导与学生为主体并重。其实，坚持教师为主导，学生为主体并重的观念不仅是实践教学的需要，也是实践教学本身发展必须思考和明确的，并且实践教学的全体教师都应该理解才行。只有这样，教师才能有目的、有组织和有计划地实施实践教学。这实际上是要求进行实践教学的教师必须要有意识地转变自己的角色，由过去的主讲人变成合作者、引导者和促进者，学生则上升为主体地位。

教师应根据学生的年龄特征、个性差异和学科内容制订多元化的符合教学内容、教学目标和要求的实践教学活动，并把实践场地的操作权交给学生，让他们去探究、去争论，鼓励他们提出问题，表达自己的想法和意见，并给他们充分展示自己的实践成果的空间。当然，这并不意味着教师就可以退出实践教学的舞台，成为观望者。相反，教师要有细致观察的能力，观察学生在实践活动中的操作是否合理、正确，及时将偏离实践活动轨道的操作引导回正确的方向，以实现预期的目的。

坚持实践教学与理论教学的有机统一。这是在理论与实践相结合的理念指导下提出的观点。按照这一观点，教师在设计实践教学方案时应坚持实践教学与理论教学的有机统一，使学生在深刻领悟到抽象的理论知识体系的同时，在实践活动中感受到它的具体性和生动性。教师要将实践教学和理论教学结合起来，也就是教师要将课堂上的理论知识与生活中的实际情境相联系，更为贴近学生的实际，激发学生学习的欲望，从而引导学生将理论知识转化为实践行动。并且，在这个过程中，要由教师和学生共同总结出实践的经验和教训，分析出现的问题和原因，学生在提升自己的认知水平和能力水平的同时，还可以发展运用理论知识解决实际问题的能力。

（2）明确实践教学的目标，构建高效课堂

毋庸置疑，做任何事情都应该有一个目标。如果认识到实践教学的重要作用，就不应该忽视实践教学目标的重要性。这就要求教师在明确实践教学目标时，应注意以下几个因素。

①要立足社会发展需求。教育既受政治、经济、科技、文化的制约，同时也能促进政治、经济、科技、文化的发展。因此，实践教学目标的明确应立足社会需求，注重学生在知识、能力和素质这三个方面的协调发展，以能力培养为核心，着眼于创新型人才的培养。

②要结合学科内容。各学科之间、各个单元之间以及各个知识点之间的内容都不尽相同，而且并不是每门学科中的每个知识点都要让学生去实践才能使其真正理解透彻。所以，教师应结合学科内容设置实践教学目标，从中精选出一部分适合于操作且学生较难深入理解的内容作为实践教学的目标，而对于书本上一些简单的理论或概念可以由学生自学或教师直接讲授。

③要考虑学生的实际水平。学生之间的发展水平是不均衡的，单一的实践教学目标不能满足不同学习需求的学生。因此，教师在设置实践教学目标时，应该考虑这一问题，设置不同的教学目标，让学生根据自己的能力自由选择实践内容。避免制定实践教学目标的盲目性和随意性，制定出的实践教学目标要具有导向性和针对性。

2. 学生准备

（1）激兴趣，心理准备到位

实践教学前期准备中，激起学生的学习兴趣，调动学生学习的积极性，唤起学生强烈的求知欲望，是教学前期准备成功的关键。换言之，提高课前准备的有效性，应该在学生心理上突出实践教学的趣味性和重要性，从而使学生有意识地预习新知识，有意识地在课堂上集中精神，长此以往，学习效率也就自然提高了，并对学生产生潜移默化的影响，使他们逐步养成课前预习的良好习惯。

激发学生课前准备热情，培养学生课前准备习惯方面还是需要一定的技巧的。第一，设置悬念，调动学生探究的兴趣；第二，奖励诱惑，调动学生学习的积极性；第三，比赛评比，激发学生学习好胜心等。总之，课前准备要注意激兴趣，要在实践教学过程中突显学生的主体性，让学生做到心理准备到位，培养学生主动学习的能力。

（2）夯基础，知识准备到位

实践教学中学生的课前准备主要从知识上下功夫，以夯实学习基础，让课前准备更有效地服务教学，从而使实践教学更实用、更有效益，更好地引领学生的成长。其主要内容包括：复习巩固旧知，预习了解新知，寻找新旧知识的联系点，找出自己对新知的疑问和不解等。其实，充分的课前准备可以使学生上课时更快地进入角色，更有益于学生对不懂知识的理解，从而使学习由被动转变为主动。

（二）实施技巧

万变不离其宗。只要我们紧紧抓住理论联系实践，也就抓住了实践教学的生命线。此时，实践教学的实施应该先从务实基础、厚积薄发出发，然后主动出击、探究创新，最后通过强力后盾、支撑实践来完成教学。

1. 夯实基础，厚积薄发

如果要落实实践教学并取得相应的教学效果，就必须对其有一个比较全面的认识，这包括意义、理论和体系等。总之，在真正使用实践教学之前，需要狠下功夫，夯实基础，做好充分的准备。

（1）认识实践教学意义

确立实践教学主要目的在于通过调整传统的教学模式，给予学生主动建构知识意义的平台，在实践中研究问题，运用理论，解决问题，反思总结。总的来说，实践教学不但改变了教师的角色定位，解放了学生，同时创新了教师的教学方式。

（2）理解实践教学理论

实践教学的提出并不是偶然的，实践教学的发展有着坚实的理论基础。在马克思主义哲学理论中，把实践看成人类的根本存在方式，人的深刻的本质不在意识，也不在自然存在，而在于实践活动。实践能够改造人的世界观，形成新的思想观念，同时造成新的力量和新的观念。

除此以外，实践教学在发展过程中能够得到越来越多的支持和认可，离不开对教学的创新完善，特别是近些年，实践教学在建设过程中强调教学理论与教学实践的统一，能够有效整合和教学理论与教学实践的发展。一方面以教学理论透视和解读教学实践，另一方面以教学实践丰富和发展教学理论。通过揭示实践理论的背景，关注理论层次，提升理论高度，以坚实的理论作为具体教学实践的支撑点，使得教学实践在开展得更为科学有序的同时，抽象的教学理论也有了教学实践做附着点。

（3）建立实践教学体系

要确保实践教学快速健康发展，就应该建立完善的实践教学体系，以完善的实践教学体系指明实践教学的目标和发展方向。完善实践教学体系，有价值的、值得关注的项目有很多，其中最为主要的包括三大方面：第一，拓宽范围；第二，层次完备；第三，规范过程。

所谓拓宽范围，主要是指实践教学涉及的范围，早期各地区都受传统教学的影响与束缚，实践教学使用率不高，普及的科目和领域相对狭窄，而现在要加强突出实践教学的地位，就必须把拓宽实践教学使用范围放在首位。

所谓层次完备，主要是指在体系的结构安排上必须做到层次分明，有点有面。在基本形成以实践为主线的同时，要根据不同的学科性质和培养目标做出新思考，制定新规划。

所谓规范过程，主要是指必须规范实践教学的过程。虽然不同专业和学科的实践教学都是存在差异的，具体的教学顺序和模式不一定能统一，但必须强调的是，在教学过程中，必须加快转换教师角色，强化学生的本体地位，通过不同的实践方式激发学生的参与度。

2. 主动出击，探究创新

传统课堂教学效率不高的原因关键在于教学方式陈旧，学生的学习积极性低下。而实践教学，把课堂真正还给学生，让学生成为课堂的主人，学习积极性提高，学习效率也因此得到提高。然而，创建高效的实践教学课堂，并不是一蹴而就的，这个过程中，需要教师掌握适当的教学策略，并能合理地安排实践活动。可见，教师尊重学生主体地位，主动探求提高学生学习积极性的方法，创新实践教学的形式，善于总结与反思，是提高实践教学课堂效率的不二法门。

（1）竞赛任务，驱动实践

通过适当安排实践竞赛活动或者实践任务，有利于调动学生的学习主观能动性。但在使用的过程中要注意以下两点。

第一，竞赛要全员化。开展竞赛是为了激发大部分人的积极性，如果局限于寥寥可数的优等生之间的竞赛，那么不但打击了相当一部分学生的积极性，同时会起到极大的消极影响。

第二，实践竞赛和实践任务的提出使用不能过滥。通过任务驱动、竞赛驱动，归根到底主要是让学生从中找到新鲜感，激发学习动力，如果过多过滥地使用，学生就容易厌倦、麻木，达不到预期效果。

（2）多元形式，激趣实践

为了加深学生对实践教学的兴趣，应该将教学形式尽可能地多元化。关注学生的学习乐趣，综合运用多种行之有效的教学方式，彰显实践教学的魅力。大部分人认为实践就是指在实验室或实地中做探究实验，这是错误的。室内的实践教学可以通过角色扮演、沙盘演练、实地训练、案例教学、任务驱动等方式开展，并可以通过演讲、辩论等形式呈现。另外，在条件允许的情况下，可以创造室外实践教学的机会，特别是对自然科学的学习，可以让学生更为主动地接近大自然，在亲身实践中发现自然科学知识。

（3）信息反馈，反思实践

实践教学的运用是近些年才得到重视，每一位教师都会存在对实践教学的不适应，即使是再优秀的教师，也难免有所瑕疵。教师如果想提高教学效率，就必须及时接收学生的反馈信息，并且反思总结，尽快制订解决方案。例如，在教学设计方面是否取得了预期效果，教学过程有哪些值得肯定，学生对于知识的掌握程度如何，哪些环节有待改进提高等。这些都需要教师在课堂结束后的第一时间进行反思，以便改进教学。

3. 强力后盾，支撑实践

实践教学的顺利开展，必须得到各方面资源的配合，这样才能聚集各方力量，有效实施实践教学活动，进而取得预期的教学效果。教师作为实践教学的主导者，需要更新自己的教学理念，提高自身的专业素养，同时还应具备把握实践教学状态的能力。这样才能娴熟地运用各种教学技能和策略，让学生在高涨的学习情绪中去体验获得知识的快乐。

（1）提高师资，保证水平

在深化教育改革、开展实践教学的过程中，学生时时刻刻离不开教师的指导。与时俱进的实践教学要求教师要不断学习，不断充实专业知识，拓宽知识视野，更新知识结构。对于师资的要求，着重强调以下三点。

第一，教师要勇于创新，踊跃投身教育创新实践，积极探索教育规律，更新教育观念，改革教学内容、方法和手段，注重培养学生的动手实践能力。

第二，在运用新的实践教学理念和新的教学方法时，还要把握一个度，根据具体情况实施不同的教学方法，不要走入误区，不要绝对化，不要片面化。

第三，针对自身问题，优化能力结构。实践教学要求教师除了具备扎实的教学基本功以外，还要求教师能够成为技术型、教研型的综合型教师。拥有扎实的研究能力，娴熟的教学技能，在继承优良教学传统的同时为实践教学注入新的能量和活力。

（2）营造气氛，和谐实践

受传统教学模式的影响，目前大部分学校都过分重书本知识的传授，轻实践能力的培养；重间接知识的学习，轻直接经验的获得；过分重视教师讲授，极少考虑学生的兴趣。要营造良好的实践氛围，需要做到以下几点。

第一，营造愉快欢乐的学习氛围。心理学研究表明，人在轻松和谐的环境里，思维才表现得最活跃。反之，在压抑的思想环境里，在禁锢的课堂气氛中，很难产生创造性思维。因此，和谐生动的课堂，无论对学生还是教师都是一种享受。构建和谐轻松的课堂，才能真正促进学生的发展。让愉快欢乐的氛围成为实践教学氛围的基调，学生才能够自由、尽情地投入实践学习中。

第二，营造满足好奇心的氛围。在实践教学中，教师要把舞台尽可能地留给学生发挥，提出实践问题和任务，让学生在实践的过程中，发现问题，解决问题，在感悟中学习，满足求知的欲望，满足自我表现欲。在实践过程中，学生自始至终亲自动脑、动手、动口，在满足好奇心的同时真正落实主动学习。

第三，创造解决问题的氛围。实践教学的目的主要是让学生在教师的指导下，以实践为基本手段，掌握基本技能，提高综合素质。顾名思义，实践教学本身就具有很强的实践性特点，它是以培养学生的解决问题能力为目标的。因此，为学生创设一种解决问题的氛围尤为重要。

（3）拓展路径，多面实践

教学的本质是实践。实践能力是在社会实践中形成和发展的。让学生参与实践，能够促使其认识从感性转向理性。实践性既是教学活动的基本特征，也是其实施的根本途径。实践教学要求教师做到知与行的统一，既要重视学生基本知识的学习，也要加强实践能力的锻炼，把提高认识和培养能力结合起来。

知识应与社会生活联系，为学生提供一个“真实的”学习环境。学生在这样的环境中实践，才能更好地与社会进行积极的对话、交流与沟通，进而最大程度地提升自己的理论知识和培养自己的实践能力。

（三）注意事项

1. 有序实施

（1）面对错误，给予宽容

宽容精神是一切事物中最伟大的。在实践教学中，同样需要宽容的力量。教师只有做到宽容学生的不足，引导学生前进，理解学生犯错，鼓励学生改进，才能使实践教学发展得更好，促进学生从中得到发展。

一般来说，对于初次参与实践教学的学生而言，对理论的理解和实践的操作都需要一个适应期，这是一个认识思维发展的规律。作为教师要懂得换位思考，不能因为学生犯错或者实践不符合标准而责骂学生，这样的做法对学生的个人发展以及身心健康都会产生极大的负面影响。

正确的做法应该是，适当了解学生的认知发展水平和规律，更好地制订适合学生的实践教学方案，在实施过程中，引导学生一次次完成实践任务，逐步达到符合标准，有计划、有步骤地鼓励学生进行实践。这样除了能够让实践教学顺利完成外，更重要的是能够满足学生的学习成就感，激发学习动机，提高积极性。

（2）发现疏忽，力求严谨

无论是生活还是学习，我们都应培养学生科学严谨的学习态度。通过实践让学生感受到学习的严谨性、科学性，这往往要比教师的讲授要有用得多。通过实践操作，如实验教学、沙盘推演和角色扮演等，能够培养学生的观察能力，培养学生实事求是、科学严谨的学习态度。例如，有些实验是千变万化的，操作要求比较高，实验容易受到外部因素影响，实验操作程序稍有错误就会造成实验的失败。学生通过反复进行实验，不断发现问题、分析问题、解决问题，自然而然，他们严谨认真的态度就能培养出来了。

（3）针对实际，难易适度

实践内容的设计要切合学生实际，难易要适度，过难或过易都不能收到好效果。要关注学生的差异性，实践任务可以采取分层式，根据不同层次的学生适当安排不同的实践任务，达到人人有事做，事事能做好的效果。另外，在实践任务的安排上，也要考虑学校自身的条件，根据教学设备、实践场地，为学生制订可操作、成功率高的实践活动。

总的来说，对于实践教学开展的思路、要求和模式，教师都要根据学生的实际情况，学校的基础情况，课程的有效资源来制订。不要完全照搬或抄袭别人的实践教学方案，要因地制宜地进行，在必要时对教学内容进行修改。

2. 找准时机

（1）课始——激发兴趣

学生无法长时间集中精神，进入学习状态。上课的前5分钟是学生的适应期，学生如果不能很好地渡过这一适应期，就很有可能全节课处于消极状态。良好的开端是成功的一半。上课伊始，教师巧妙利用学习游戏，一方面激发学生的好奇心，将他们从课间的兴奋转入上课的紧张氛围中；另一方面引起学生的注意力，顺利引出本次的教学内容。在课前，教师从“玩”入手，以“玩”导学，不仅能唤起学生积极的学习情绪，更能唤起学生强烈的学习欲望，教学效率大大提高。

（2）课中——唤起兴趣

课中的实践活动主要目的是突破教学难点。教学难点是学生较难达成的学习目标，学生对此往往有畏惧心理，这需要帮助学生克服困难。生动活泼的实践活动不仅可以调节教学节奏，活跃课堂气氛，更能消除学生的消极心理，促进学生达成学习目标。

（3）课尾——回味兴趣

学生经过紧张的学习后，学习已经接近尾声，巩固所学、强化所知是主要学习任务。此时，如果让学生以生动的教学活动结束，则可以使原本枯燥的教学变得趣味十足，学生渐已涣散的注意力也能重新集中起来。生动活泼的教学活动对学生具有很大的吸引力，所获得的效果往往比单纯的教学强得多。

实践教学的最高境界是为学生创造最佳的“生长态”，选择适宜其发展的“环境”，并能促使其在这个“环境”中积极实践。只有让他们尝尽了实践中的苦与乐，他们才会刻骨铭心、终生难忘。这有助于培养实践能力和发展创新精神。

第二节　实践教学体系的构建

一、实践教学体系的概念

我们可以从广义和狭义两个角度来理解实践教学体系的概念。广义的实践教学体系是指实践教学活动的各个构成要素是有机联系的整体，主要包括实践教学的目标、任务、管理、内容、保障等。狭义的实践教学体系是指实践教学内容体系，具体来说是围绕培养目标，制订教学计划，合理设置课程和教学环节，建立理论与实践相结合，以实践为显著特征的教学内容体系。

二、实践教学体系的特征

实践教学体系基于专业课程体系，与专业技能训练关系密切，同时也与理论课程保持同步，但实践教学不等于纯理论教学，实践教学具有相对独立的特性。实践教学体系的特征如下。

①科学性：实践教学的课程设置、教学方案要体现科学性，让专业技能训练与课程技能训练实现有机统一。

②有机性：专业技能训练与课程技能训练的设计应该具有自我调节、自我组织的特性，构成一个有机整体。

③和谐性：专业技能训练和课程的理论基础是深化课程技能训练的条件，二者在和谐统一中相互促进。

三、实践教学体系的构成要素

（一）实践教学目标体系

实践教学目标体系是指根据人才培养目标，结合专业特点以及具体实践教学目标的集合体，其是实践教学应该达到的标准。实践教学目标主要包括专业目标、基本素质目标、能力目标、岗位能力目标、创新能力目标等。目标体系是实践教学体系的核心，在整个体系中起驱动作用。

（二）实践教学内容体系

实践教学内容体系是实践教学目标任务的具体化。实践教学内容体系应该根据专业毕业生的职业能力分析，构建以技术应用培养为主体，按基本素质能力、专业基础能力、专业岗位能力、创新能力等进行安排，将实践教学目标与任务落实到实践教学中，让学生提高应用技能。

（三）实践教学管理体系

实践教学管理体系主要包括管理机构、管理人员、管理规章制度、管理手段、评价方法等。实践教学比理论教学的管理更为复杂，教学难度大，教学过程复杂，涉及的物质设备多，调控难度大。因此，为了确保实践教学的质量，应该建立起完善的实践教学管理体系。

（四）实践教学保障体系

实践教学保障体系主要包括师资队伍、技术设备设施以及实践环境等。在师资队伍上，要求教师具有扎实的理论基础，较强的实践操作技术，熟悉生产、建设；在技术设备设施上，要求具有比较先进、完备的技术设备设施；在实践环境上，要求具有仿真性较强的实践教学环境。

四、构建实践教学体系的必要性

（一）从高校定位和人才培养目标看

高校定位是面向地方经济和社会发展需要，注重培养大学生的应用能力，强化实践教学，促进“产、学、研”密切结合，培养具有专业理论基础和技术能力的高级人才。但目前存在以下三种值得关注的倾向。

一是在办学理念上，倾向于“传统理论教学”的学科建设，在课程设置、教育模式和教学计划等方面沿用传统理论教育的做法。

二是过分追求高层次，一些学校将注意力过分集中在提高办学层次上，申报“硕士点”甚至“博士点”，并以此作为主要成就。

三是投入不足，如果高校办学经费紧张，就会存在对实践教学投入明显滞后的现象，软硬件设施不能满足教学需要。

以上几种倾向存在明显的偏颇。不同的定位会产生不同的教学方式、教学内容和教学形式等，即定位偏颇会造成教学方式、教学内容和教学形式等的偏颇。纠正高校教育定位偏颇的问题十分重要。

（二）从人才培养模式看

目前高等教育以知识为基础，以能力为本位，学习与实践相结合，注重培养应用型人才，关注学生的素质和能力全方面发展。但当前实践教学环境薄弱，不利于提高教学质量，主要表现在，实践教学理念有待更新和加强；实践教学教师队伍薄弱，需要提高师资数量和质量，培养一批科研水平较高的骨干教师；需要进一步完善人事分配制度，由于实践教学的特殊性，需要进行分类指导，将检查、督促和激励相结合，调动教师参与实践教学的积极性。

在实践教学实施环节，学校创造更多的条件以利于实践教学的顺利实施。在实践教学管理环节，在制度安排上应更灵活与机动，凡是有利于实践教学开展的方案与做法都应该大力支持，在开放实验室与不断开发综合性设计实验的基础上，进一步挖掘运用现代化教育手段指导实践教学，将设备功能开发、设备更新和提高设备利用率相结合。

五、实践教学体系构建原则

高校实践教学体系的构建原则是根据教学规律、教学目的等制订的在实践教学活动中必须遵循的基本要求。在不同时期由于教学目的不同，学校与学校主管部门也曾提出不同的构建原则。例如，20 世纪 80 年代，实践教学中实验课程多以验证性为主，遵循科学性原则，但严谨有余，创新性不足。随着社会的发展，对人才的培养提出了新的要求，特别是社会对大学生的实践能力提出了更高的要求，高校实践教学改革必须因时而动，顺应时代要求，培养社会所需人才。

在实践教学中，实践教学体系的构建原则能够起到很大的指导作用。这些构建原则对实践教学的教学计划、教学内容、教学方法、教学活动等都具有指导作用。实践教学体系的构建原则不仅反映了教与学的客观规律，也反映了教学管理的客观规律。其构建原则主要有以下四条。

（一）系统性原则

系统论认为组织是一个开放的社会技术系统，既包括组织结构和技术因素，还包括经济因素、政治因素、文化因素、心理因素等。系统论将这些因素视为整体的构成因素，它们互为条件，相互联系。系统性原则要求，实践教学是课程建设的一部分，应该与课程建设相结合，将实践教学改革纳入课程建设改革中。正确处理理论教学与实践教学的关系，保持学科知识的系统性。

（二）创新性原则

任何组织系统的管理工作都包含维持和创新，这是管理的本质内容。创新性原则要求：实践教学应该围绕人才培养目标，在教学观念、教学内容、教学管理、教学方法、教学手段等方面进行创新性研究。

（三）以学生为本的原则

以学生为本的原则是尊重学生，了解学生在个性、爱好和能力等方面的差异，根据学生的不同需要，围绕学生的知识结构和能力发展开展实践教学。坚持以学生为主体的理念，以实践教学改革为主题，以实践教学方法改革为切入点，提高学生的综合素质、实践能力和创新能力。

（四）特色发展的原则

在日趋激烈的办学竞争中，高校必须根据本校的实际，努力办出自己的特色，即以某一方面独特的优势带动学校的全面建设与发展。最能够彰显院校特色的地方就是实践教学。

坚持特色发展原则，在构建实践教学体系时，扬长避短，发挥优势。在实践教学内容方面，选择学校的优势学科，突出为区域经济发展服务的理念；在实践教学管理方面，将重点放在学科建设上，以点带面。

六、实践教学体系结构

高校实践教学体系的结构既具有一般高校实践教学的共性特征，也具有自身的一些个性特征。下面分别从目标、内容两个层次设置高校实战教学体系，来确保高校实践教学体系的科学性、合理性，切实提高实践教学质量。

（一）实践教学目标体系

1. 培养目标

高校的人才培养目标应该面向社会人才市场，培养适应社会发展需要的人才。如果高校不重视市场人才需求，就会造成教育资源和人力资源的大量浪费。因此，实践教学的安排应该与人才培养目标、培养方案等高度一致。

2. 培养过程

在实践教学培养过程体系中应该考虑以下几方面：按人才培养目标设置的实践教学内容是否能达到预期目标；实践教学环境是否安全、完善；实践教学师资力量是否充足；实践教学过程有无监控；实践教学评价方式是否恰当等。

3. 培养质量

一般情况下，结果最能反映目标和过程。高校应该突出办学特色，既要突出办学过程的特色，还要突出结果的特色，应该让办学特色充分体现到人才培养上，可以通过学生的实践能力、创新能力、毕业率、就业率、用人单位评价等来反映。

实践教学目标体系的建设，可以为实践教学提供一个明确的发展方向，不断提高实践教学质量。

（二）实践教学内容体系

1. 实验教学

实验教学是将实验的科学研究拓展到人才培养上，以提高学生的知识和技能，培养实践能力。根据实验教学的目的，可将实验教学分为两种，即验证性实验和探索性实验。验证性实验是对科学原理的验证；探索性实验是探索未知的规律和现象，带有研究的性质，更能培养学生的创新能力。

2. 实习实训

实践教学的主要形式之一就是实习实训。实习实训是对大学生职业环境的体验，有利于提升大学生的职业素质和职业技能。实习可以分为两种，即生产实习和毕业实习。生产实习是对生产中相关职业能力的训练，可以是单项的，也可以是综合性的，因教学安排会有所不同；毕业实习是对学生的综合职业能力训练，对学生技能的培训是全面的、综合性的。

3. 毕业设计（论文）

毕业设计（论文）是高校实现培养目标的重要教学环节之一。毕业设计（论文）是教育、生产活动以及社会实践相结合的体现，是大学生锻炼实践能力和创新能力的重要实践环节，有利于提高学生的综合实践能力，强化学生的社会意识，提高基本科研能力。毕业设计（论文）的质量不仅是认证学生学位资格的依据，也是衡量高校教学水平的重要依据。做好学生的毕业设计（论文）工作，对培养大学生的综合素质和能力，提高高校的教学质量都具有重要的意义。

4. 科技竞赛

科技竞赛也是实践教学的形式之一，能够培养大学生的创新能力、应用能力和团队精神，体现高校教育质量。目前，各种科技竞赛活动越来越多，既有来自各级教育主管部门的，也有兄弟院校发起的，行业协会组织的科技竞赛也越来越频繁。科技竞赛也成为高校实践教学体系不可分割的一部分。如何从中筛选出适合高校大学生的科技竞赛，如何组织大学生参加各类不同的科技竞赛，是高校面临的一个新问题。组织科技竞赛，促进教学与科研相结合，理论与实践相结合，有利于推动教学改革，调动大学生的学习热情，培养大学生的创新能力等。

七、构建实践教学体系的基本途径

（一）选择科学合理的实践课程体系

科学合理的实践课程体系是实现科学合理的实践教学体系的前提条件。通常情况下，有什么样的实践课程体系，就有什么样的实践教学体系。同时实践教学体系也会对实践课程体系产生一定的反作用。在实践教学过程中，如果教师发现实践课程不利于提高学生的知识和技能，则可以提出修改实践课程体系。可以说，实践课程体系与实践教学体系是相互促进的。

构建科学合理的实践课程体系，应该从培养学生专业技能的角度出发，科学设置专业实践课程，不仅要考虑课程之间的衔接关系，还要避免课程之间的重复性技能训练；不仅要高效利用学生的在校时间，还应该合理利用学生的假期时间，将实践课程逐步扩展到社会。

（二）设计科学的实践技能训练方案

首先，应该设计科学合理的课程技能训练方案。课程技能训练是指与某一课程对应的技能训练方案。任何一门课程，都有其对应的技能要求。应该科学设计课程技能训练方案，明确与之相对应的技能，明确可采取的手段、方法等。值得注意的是，应该将课程技能训练方案的设计放到大背景中来，否则课程技能就会成为孤独的碎片，不利于形成专业技能。

其次，构建科学合理的专业技能训练方案。专业技能训练方案是为某一专业应该形成的技能而设计的训练方案。专业技能训练方案的科学合理，体现在每门课程技能训练方案的科学合理及其它们的有机统一上。

最后，为了避免人力、物力和财力等方面的浪费，构建科学合理的专业实践能力训练方案，应该明确专业实践能力训练方案是课程训练方案的有机结合，而不是碎片式拼凑；应该突显课程技能在专业实践能力中的重要地位，同时避免实践能力训练的重复；应该明确专业实践能力训练的逻辑性，提高专业实践能力训练方案的可操作性；应该注重专业实践能力训练的质量监控等。

（三）搭建合理的实践教学评价系统

科学合理的实践教学体系的重要保证就是对实践教学体系的评价。实践教学从单门课程到体系构建是一个逐步完善的过程。对实践教学体系的评价，不仅要对单门实践课程进行评价，还要对实践课程体系进行评价。

对单门实践课程的评价主要从其构成要素入手，如教学大纲、教学计划、教学方案、教学过程、指导教师、考核方式等。要根据以上要素建立质量监控体系，从过程管理等方面将单门实践课程的评价工作做实。

实践课程体系的教学评价主要从整个课程体系的构成要素入手，如实践教学大纲、实践教学计划、组织机构建设、实验室建设、实践基地建设、实践教学规程、绩效考核等。要根据以上要素建立目标管理方案，并通过定性和定量相结合的方式对上述要素进行评价。

第三节　实践教学的人才培养模式

一、人才培养模式的类型

（一）“卓越人才培养计划”

校企联合实施“卓越人才培养计划”模式。近些年，尤其是从2010年以来，以高校和社会力量协作为基础的“卓越人才培养计划”相继实施，一些面向市场、对接企业的专业人才培养“试验田”在各地涌现。例如，一些高校与企业协同建立卓越人才培养实验室，共同负责学生的选拔、指导、考核、奖惩、评价等。

（二）校内外实践实训基地

校企共建校内外实践实训基地模式。例如，共建校内实践实训基地。合作企业把一部分生产线设置在校园中，开展理论教学与实训教学相结合的培养模式。这种模式有利于解决学校实习实训经费和设备不足的问题，也能解决企业场地不足的问题，方便了学生的学习实践。

（三）半工半读、工学交替

半工半读：学生上半学期在学校内学校，下半学期在企业实习，由企业考核或校企联合考核。

工读轮换：将专业学生分为两部分，一部分在学校上课，另一部分去企业实习，按学期轮换。

全日顶岗劳动，工余上课：学生在企业顶岗实习，利用工作闲余时间学习，通过讨论等方式将所学内容应用到企业实践中。

（四）现代学徒制

现代学徒制是指以“学徒制”或“师徒制”模式培养人才。学生一半时间在学校内与教师学习理论知识和技能，一半时间在企业或工厂当学徒，学生与师傅结对子拜师学艺。应该坚持高校与企业协同育人，明确学生的学生和学徒身份，形成高校与企业联合招生、联合培养的长效育人机制。

（五）校企全面互动

学校与行业企业共同制订人才培养方案，共同研发专业核心课程，共同开展项目研发、技术应用等工作，共同建设校企合作教学实践基地，从企业聘请教师及学校为企业提供技术服务等。高校聘请企业优秀管理人员或技术人员到学校任课；企业聘请高校优秀教师为员工培训，提高员工的理论水平。

通过校企双方的互聘，让学生在教学过程中得到锻炼，既是提高学生专业知识与技能的过程，也是为企业创造价值的过程。通过校企合作，让学生提高知识与技能，这样学校得到了发展，企业得到了人才，从而实现优势互补，促进共同发展。

（六）“订单”式培养

“订单”式培养是指企业根据人才需求，向学校“下订单”，学校根据企业需求培养人才。学校与企业共同制订教学方案，共同选择学生，共同培养学生，实现招生与招工同步、教学与生产同步、毕业与就业同步。目前，腾讯、支付宝等知名企业都会通过这种方式招纳人才。

从一些学校的办学实践来看，文秘、会计和工商管理类专业采用“订单”式培养模式较多，尤其是近些年企业对“互联网 +”等技术型人才的要求较高，这些人才需要一定的培养周期，企业应该与学校提前沟通用工需求，在课程、学习内容上根据需要有针对性地进行教学和培训。现在校企合作的“订单班”已经比较成熟，在培养技术型人才方面有较大的优势，未来可以在行业、专业方面有所拓展，跟上产业转型和企业升级需求。“订单”式培养这种校企合作模式针对性强，企业在人才培养中关口前移，发挥着更为主动的作用。培养出的学生适应性较强，就业率较高，就业稳定性较好。

二、人才培养模式存在的问题

（一）政府方面

高校与企业是合作的两个主体，在实际合作中，由于双方所属的系统不同，在价值取向、社会责任和合作目标等方面也存在差异，为了实现双方的资源共享，优势互补，合作共赢，不能仅靠一方的力量。政府作为国家公共管理部门，应该制定一系列相关措施来建立高校与企业之间的互动关系，推动校企合作机制的建立，保障校企合作的深入开展。但一些地方政府在校企合作中未能发挥作用，未及时出台或有效执行促进校企合作的相关政策。

（二）企业方面

在市场经济环境下，企业的主要经营目的是获取利润，但让学生进行顶岗实习、“订单”式培养以及合作开发课程等对企业的吸引力较小。一些企业在利益的推动下，接收学生的顶岗实习，但将他们视为廉价劳动力，学生只能在某一岗位实习，所学习到的知识也非常有限。

（三）学校方面

一些学校对校企合作、产教融合和工学结合等认识不足。还有一些学校由于办学时间较短，实践教学体系不完善，师资队伍力量薄弱，缺乏实验实训设备、设施，虽然校企合作的呼声较高，但难以真正落实。另外，一些院校在专业建设、科研力量等方面比较薄弱，与企业开展合作的能力有限，难以形成良性运作。

三、人才培养模式改革的措施

（一）发挥政府作用

从现实情况来看，校企合作、产教融合和工学结合等尚处于初步发展阶段，需要政府发挥作用，协调各方利益，促进其深入持久开展。各级政府应该从法规、政策、规划、经费等方面入手，促进人才培养模式的发展。

第一，加强政府宏观调控，加强统筹规划。建立包括经贸、教育、劳动、社会保障等部门的校企合作、产教融合和工学结合的协调机构，推动其向规范化、科学化方向发展。

第二，加大资金投入。政府应该将校企合作运行的必要资金纳入政府的财政预算，并建立专项基金。

第三，颁布相关法律法规，对高校和企业参与合作的责任、权利进行明确规定，形成合力。

第四，制定相关的激励政策，对参与制订人才培养方案、参与学校专业设置、为高校提供实训基地、合作开展应用型人才培养的企业适当减免税收，促进企业参与校企合作的积极性。

第五，提高劳动力市场准入门槛，实行职业资格证书制度。

第六，推动高校与企业、行业协会整合社会资源，建立教育集团。

第七，制定科学合理的校企合作评价体系，对校企合作效果、实习实训基地等情况进行评价，对在校企合作中表现突出的高校和企业给予奖励。

第八，推动高校与省市百强企业、大中型企业的合作，并对二者建立合作关系做出具体规定。

第九，建立产业行业人力资源需求和高校供给、学生就业状况的信息平台与发布制度，为高校和企业提供信息服务，架设联系纽带，提升高校设置专业和培养人才的前瞻性与精确度。

（二）完善合作机制

为了确保校企合作的实效性、可持续性和相对稳定性，应该完善校企合作的运行机制，从校企合作的主体定位、关系界定、合作流程、资源分配、成果共享等方面来完善校企合作机制，调动各方的合作积极性，改变“学校热，企业冷”的局面，推动校企合作的深入持久开展。

（三）拓宽结合领域

拓宽结合领域，开展全方位、深层次的合作，将高校的校企合作由目前的侧重于实习、实训合作拓展到与行业、企业共同制订人才培养方案，共同研发专业课程，共同开展项目研发，共同建设校企合作实践基地等，多方位实现校企合作各方的优势互补，合作共赢。

鼓励企业全程参与人才培养，共同完善、创新工学结合的人才培养模式，共同参与制订培养方案、教学计划、教学目标、教学评价、基地建设、教学团队建设等。高校应该根据地方产业结构和企业结构的特点，形成具有区域特色、行业特色、产业特色、专业特色的校企合作体系。

实施“二元制”技术技能人才培养，即招生对象可以是应届学生，也可以是已经与企业签订劳动合同的在职员工，此举可满足企业对人才的即时需求，又实现了员工的个人提升，有利于为行业培养和输出较高素质的应用型人才，实现“校、会、企、人”的多方共赢。

（四）加强平台建设

围绕重点产业和新兴产业，全面整合政府、企业、高校、行业协会等各方的社会资源，组建与产业人才需求对接紧密的行业性教育机构，充分利用平台所提供的丰富资源，积极开展校企合作。

第一，校企双方应该加强合作，如进行实质性的人才委托培养或订单培养，共同开展特色专业、特色课程的建设，共同培养专业、学科带头人，共同组建科研队伍、开展技术研发项目等。

第二，校企双方共同参与平台建设，主要包括信息系统的建设、服务系统的建设和调配系统的建设等，充分发挥平台的骨干引领作用。

第三，充分利用平台优势，丰富合作形式，拓展办学空间，拓宽学生的就业渠道，加强与人才市场、毕业生就业市场的联系，保证信息互通，最大程度地满足企业对人才的需求。

第三章　商科实践教学

商科是主要集中在管理学门类下的工商管理学科，商科人才对国家的繁荣有重要作用，因此商科的实践教学也是必不可少的。本章就将从商科人才培养基本思路、商科实践教学的基本条件和商科实践教学的现状三个方面进行阐述。其主要包括商科院校人才培养的原则、框架与特点，商科实践教学的定位与课程建设，校园文化的建设，实践教学的概况与解决方法等内容。

第一节　商科人才培养基本思路

一、商科院校应用型人才培养的指导思想与基本原则

（一）指导思想

高等教育在近些年以来的规模得到飞速发展，而且教学质量也得到了极大提升，对我国可持续发展、经济社会的快速增长以及改革高等教育方面都有着非常大的贡献。但高等教育质量在经济社会发展的需要之中还不能完全地被适应，所以还是有很多高校的专业结构、设置等不够合理，还有急需提高的教师队伍的整体素质、创新精神，以及需要进一步转变的人才培养模式的教学方法与教学内容。所以，这些都要求了要尽快实行有效措施，对高等学校教学改革做进一步深化，在人才培养模式的探讨方面也要相对增强，从而将人才培养的水平、能力等都进行培养，这样对经济社会发展的需要也是一种满足。我们认为，商科院校在探讨应用型人才培养模式时应该贯彻如下指导思想。

对党和国家的教育方针要实行全面贯彻，落实科学发展观，坚持教育创新且对“以人为本”的教育理念进行强化；对高等教育教学规律进行遵守，将核心为培养应用型人才的理论、实践教学体系进行完善，让商科教育特色突显出

来；让通识教育有机地结合专业教育，并使培养方案中始终涵盖素质教育，培养出区域经济和社会发展中的，拥有高素质、扎实基础、较强实践能力以及有创新精神的应用型高级专门人才。

（二）基本原则

商科院校在确定其人才培养模式时，要在地方和商科两个方面做足文章，要立足地方，综合考虑区域经济发展需要，根据学校的办学定位以及区域经济建设和社会发展对人才培养提出的新要求，树立新的质量观与教学观，改变传统的重理论、轻实践，重知识、轻素质，重研究、轻应用等片面的教育观念，并注意以下几个原则。

1. 优化课程设置

立足于专业人才培养目标，注重课程内容的科学性、知识性、适用性与前沿性，积极构建知识结构合理、内在逻辑联系紧密、适应经济社会发展与人才培养需求的课程体系，加大课程重组和整合的力度，积极推进创新教育，努力促进课程设置的整体优化，实现知识传授、能力培养和素质提高的协调发展。

2. 夯实理论基础

重视本科教学的基础性，坚持基础理论学习与基本能力训练的重要地位不动摇，采取灵活多样的课程设计，全面夯实理论基础，强化基本技能，努力提高学生的综合素质和可持续发展能力。

3. 加强实践教学

坚持理论教学与实践教学并举的教育理念，明确培养应用型人才的实际需要，并在人才培养的各个环节设置实践教学计划，对实验、实习、毕业论文与实践调查等课内外实践教学环节的安排与系统设计都要进行加强；保证实践教学能够坚持四年，保证最终的教学结果；实现第二课堂的积极拓展，并对学生提供福利，让其参与更多的科研活动，对学生在创新性实践中的参与也要给予支持，且对其创新精神、实践能力等进行着重培养。

4. 坚持因材施教

充分利用学分制的优势，加强专业素质培养和个性潜能挖掘的有机结合，努力满足学生的不同需求，着力提高学生自主学习的能力；积极推进分类、分层教学，为具有不同潜质发展志向的学生创造相应的培养机制，促进学生个性发展。

5. 注重凸显特色

结合社会发展需求和商科院校人才培养特点，加强学科之间的交叉、融合和渗透，突出商科教育特色，在非经济管理类专业适当增设经济管理类人文社会科学类课程，在经济管理类专业适当增设法学类、自然科学类、哲学类课程；鼓励各专业在遵循学校培养方案总体框架的基础上，围绕人才培养目标的要求，创新设计思路，改革课程体系，拓宽专业口径，在高年级灵活设置专业方向，培育专业特色；特别鼓励人才培养创新试验区和特色专业建设点，大胆进行人才培养方案的改革与创新，凸显专业优势，努力形成人才培养特色，以能力为核心构建应用型人才培养模式的三大体系。

二、商科院校应用型人才培养特点与目标

（一）特点

联合国教科文组织的《国际教育标准分类法》将高等教育的第 5 级分为 5A1、5A2 和 5B 三类。普通高等教育指的就是 5A1 和 5A2，职业高等教育即为 5B，相当于我国高职高专教育，但也不局限于专科层次。而前两者不同，5A1 的专业设置是按照学科划分的，这一教育为研究做了进一步的准备，也就是学术型的本科教育；5A2 的专业设置则是按照大的技术领域开设的，是对有着高科技要求的专门教育进行适应，也就是应用型本科教育。

应用型本科院校是区别于学术型本科高校、高职高专院校培养出的商科人才的。应用型本科院校的本位为行业需求，其专业设置面向的是整个行业，并对知识的应用性、现时性与复合性等非常重视，同时在课程与教学内容体系的构建中也是以知识应用和解决问题为主的，是对理论应用型人才的培养；学术型本科院校的本位为学科体系，专业设置是面向学科的，同时对学科知识理论性与系统性十分重视，对课程与教学内容体系的构建也是以学习系统性为主的，是对学术研究型人才的培养；而高职高专院校将职业岗位的要求作为本位，主要是对学生技能性的实践操作能力进行培养，构建课程和教学内容的体系以职业岗位的要求为主，是对职业技能型人才的培养。应用型本科院校的商科人才培养应有以下特点。

①行业性。应用型本科院校在培养商科人才时，一般都是按照行业的不同来对专业进行设置的，其知识结构不仅要有行业的普遍适用性，还要有独属于该行业的个性。例如，财务管理专业方面，其一定会开设专业基础课与学科基

础课，从而将财务管理的一些基本原理传授给学生，使其对该行业的普遍规律有一定的把握，这样等到在不同的单位实习或就职时，就能胜任本行业的工作；与此同时，还应对专业课、专业方向课进行设置，使得本行业内的一些特殊规律都能让财务管理专业学生有效地进行把握，从而对行业内出现的特殊事务都可以得到处理，在不同的单位中担任行业内的不同职位。

在培养应用型本科院校的商科人才时，不应该只对知识体系的系统性、完整性进行追求，还应该在对知识体系构建时按照行业发展的最新要求，让学生除了对理论知识有所掌握外，还具备很强的创新创业能力。

②实践性。商科人才的提法，是区别于经济和管理人才的，商科人才本身是对应用型进行强调的，所以在培养时不能只是纸上谈兵。而且培养商科人才与培养其他的工科人才也有不同，不能完全依靠实验室，而是应该付诸实践，并通过科学的方法、理论等实现综合分析，将解决问题的方案制订出来，以及不断在总结中对理论进行验证与升华，由此培养出综合的职业能力。

③社会性。培养应用型本科院校商科人才的社会性一般会在三个方面有所体现：其一，商科人才的社会能力应当高于其他学科人才，其中包含了语言表达、团队合作、社会交际、组织协调与商务谈判等能力；其二，商科人才直接面向商业，从事企业经营且直接服务于经济社会的发展；其三，只依靠学校来培养商科人才是不行的，更多的是需要同时有政府、企业等社会部门的参与。

（二）目标

通常情况下，是由两类人员组成的经济组织，即作业者与管理者，其中，商科专业要加以培养的，就是经济组织中的管理者。首先这里的商科人才与重点大学培养的工商管理硕士研究生不同，面向企业高层管理；其次与高职高专院校所培养的，由企业基层管理的职业技能型商科人才也不同；应用型本科院校的商科专业目标是对企业中高层管理者的培养。要想培养中高层的管理者，那么就一定要从基层锻炼开始，所以基本实践对于应用型本科院校的商科人才来说是非常重要的。

现代企业制度下，职业经理人的职位就是善于开展企业经营管理，对经营管理之道非常熟悉，同时还存在相应的职业能力与素质，且对企业内外各种资源都能充分利用，最终实现企业经营目标。从横向角度看，职业经理人的类别可分为财会、市场营销与人力资源管理；从纵向角度看，职业经理人在企业之中也可以被分成各个层次。

职业经理人作为应用型本科院校商科人才的培养目标，可以说是十分合适的，同时国家还已经成立了职业经理研究中心，以及全国职业经理人考试测评标准化技术委员会，专门要其从事职业经理标准拟定、成长规律研究以及资质评价等方面的工作。

三、商科院校应用型人才培养模式的确立

作为我国高等教育的生力军，商科院校是作为对应用型高级人才进行培养的重要力量而存在的。我国的商科院校在长期以来，经常会受到人才在单一学科领域进行培养的影响，导致人才培养后的知识面过窄，结构单一且适应能力不强。为了对该弊端进行克服，各个地方的商科院校都分别进行了探讨与研究，最后总结的改革目标、方向为：将社会需求作为导向，基础则为通识教育，以及能力培养是本位，并按照应用能力强、基础扎实、素质较高以及有较强实践能力、创新精神的要求，使得人才被培养出来后能同时拥有个性与共性；而且其不仅具有很强的知识基础，同时还存在一定的实践能力与创新精神。所以，在人才培养模式的构建中，应当正确处理好知识学习、能力培养和素质提高三者的关系。

针对商科院校人才培养上的应用性特点，将专业教育与通识教育间的关系在学生的知识构建中就进行良好的把握。对专业教育有一定针对性的通识教育就是应用型的人才培养模式，并且这也是为了终身教育而做的基础与准备。我们在坚持“厚基础、强能力、重应用”的教育原则下，经过多年商科本科教育的探索，建立了“以能力培养为主线的两段式、三体系、一过程”人才培养模式；而应用型的人才培养方案也可在归纳学生培养过程中分为两个阶段，即专业教育阶段与学科基础阶段，其中可以解决厚基础和宽口径问题的就是学科基础阶段，而专业教育阶段是对针对性与适应性问题的解决，由此使学生对实际问题的解决能力得到培养，即在专业教育阶段按照“人才市场需求和因材施教”的原则，开始培养专业知识与实践能力。在运作不同商科院校期间，可对两个阶段比重的不同来进行调整，从而实现调节培养出的人才能力、知识与素质结构的目的。当然，想要实现这一目标一定离不开精心设计的课程体系。

①体系：从培养商科应用型人才的综合素质出发，按照课内与课外、理论与实践、学校与社会相结合的原则，构建地方商科院校应用型人才培养的理论教学、实战教学和素质拓展与创新创业教育体系，并配备好相应的管理制度、指导措施、评价手段以及检查方法等，确保学生能够成为理想中那种，不仅对各专业培养计划的基本规格以符合，还充满优良个性与创造精神的商科人才。

②过程：按照商科院校的实际来说，与应用型人才培养相结合，且在已经要求了素质与知识能力等方面之后，再建立起核心为能力的培养，重视素质教育，并且以实际问题能力的解决和突出学生动手能力为主的教学模式。并且在教学过程中，促进学生“学、练、思、行”的结合，并对“实践、实用、实学”的教学模式进行倡导。

③实践：最能够体现应用型大学教育特点的教学方法就是“从做中学”，在学生实践的基础上、在日常实际的操作中让学生发现知识、验证知识，取得经验与提升能力。增大实践教学环节的力度，并将综合性实践课程的教学、开发等进行加强，从而让学生能够在实际环境中有大把的时间能边学边干，提升其自身实践能力。

④实用：求学者学习的最终目标就是能“学以致用”。在如今这样的社会环境之下，大学教育的功利性是一直存在的，其所担负起的社会责任、高等教育学术性质的本质等，都决定了学以致用的必然性。商科院校培养的大学生不仅需要将书本上的经济学、管理学知识内化为自身的学问，更需要将这些学问外化为解决实际问题的能力和本领。

当然，商科院校的“以能力培养为主线的两段式、三体系、一过程”的人才培养模式也和其他人才培养模式一样，还有待进一步丰富和完善，以培养更多更好的适应经济发展的商科人才。

四、商科院校应用型人才培养模式构建

（一）确定商科人才培养抓手

每个商科人才都明白的问题，就是究竟应当怎样创办一个企业，以及企业的经营管理是什么样的。在这一前提的基础上，再与商科人才具备的各种能力、素质培养相结合，最好的方法就是学生在创办与经营企业中能亲身参与进来，在实践中把企业创办、经营的技能与知识等进行学习与掌握，并将这些对于创业者综合素质方面都有哪些要求也都增加一些了解，以及让其自身的能力、综合素质等都在实践中得以提升。

若培养商科人才的重要抓手是对一个企业的创办，则这不仅符合教育部所推动的大学生的自主创业工作精神、高等学校的创新创业教育等，同时这也是灵活运用了培养应用型人才的“项目式教学”。通过这样的一个项目，学生能同时学与做，并不断总结实践经验，除了可以将理论进行验证、领悟与升华以外，还能培养他们综合素质与工作能力的提升。

（二）树立互动的人才培养理念

1. 学校与社会的互动

应用型院校应当立足于服务当下，不断推动经济的建设与发展，而在这之中最为重要的，就是培养出大量有着较强针对性的高级应用型人才，让他们投入经济社会发展之中。特别是对于企业来说，更是离不开应用型本科院校的商科人才；在紧密联系了社会、政府与企业之后，加强社会与学校之间、业界与学界之间的互动。

应用型院校的商科人才培养以“创办一个企业”项目引领，对学生进行要求，让他们必须在政府的相关部门处注册企业，学校则会对企业的经营场所进行提供，但是会按照市场化的要求让其缴纳水电费、房租等，企业的成立可以通过加盟店的方式，也可以是校外的资源支持，但只有商科专业学生才能是企业法人，招聘的员工也主要是在校的商科专业学生。可以看出，学生创办企业这一过程，可以说也是学校与社会之间的互动。

培养商科人才还应当对社会资源进行有效利用，如兼职教师最好聘请社会企业家与成功人士，让他们承担课程教学与相关的实验工作。还有设置一些专门课程或是增加设置讲座的学分，这些都可在专业的选修课中进行。并且，在进行到不同章节时，可以去聘请企业专家，每年作为客座教授来学校进行授课，同时与学生分享一些即时案例，甚至还可以拓展与企业界人士的联系。

2. 理论与实践的互动

在创业实践中，学生难免会遇到这样那样的问题，为了能够更好地对专业理论学习进行促进，则可以带着这些问题来学习专业课。创业过程中的学生为了找到好的创业项目，就要学会常和市场打好交道；为了企业能够注册成功，就要和政府打好交道；为了可以更好地运营企业，就要学习并掌握企业的内部管理、生产运作等方面的知识；为了加强对企业员工的管理，就应将人力资源管理的理论、技术等进行良好的学习与掌握；为了对企业财务实现良好管理，就应将加强会计和财务管理的技能、方法的学习；而为了会有更多的顾客，就需要对市场营销的方法、理论等进行学习与掌握。以上这些，不仅可以提升理论和实践的互动，还能提升学生的理论知识与专业课学习质量，对其自主学习的能力也是一种培养。

（三）优化课程体系，强化实践教学环节

商科人才培养的理论课程应当始终与行业发展的需要紧密地联系在一起，

构建时也要时刻按照“学以致用”的理念，对自身的完整性与系统性不应过分进行强调，而是要在构建专业基础时根据商科专业总体的培养目标，更有选择性与针对性地对专业教学进行服务。专业课的比例与学科专业基础课之间的比例不能相差太多，对应用型的专业课程也要有所保证。

专业课的教学要同学生的创业实践相结合，对理论教学的比重有所减少，且对实践教学环节进行强化，从而构建出一个由各个环节，如课程综合性实践项目、课程单向性实验、毕业论文和创业实践等所组成的应用能力为导向，主体为综合性实践项目的实践教学体系，对商科人才专业实践能力、综合素质等的培养进行突出。

五、探索新的教学模式

（一）确定可操作的教学目标

如果教学目标过于含糊和笼统则会变得没有任何意义，所以应尽可能地让教学目标变得明确、具体和可操作，以及具体地去要求每一项教学内容，方便教学活动中学生和教师的把握，且随时都可以对比学生发生的改变与其教学目标，从而及时地对各教学要素进行调节，使得教学活动始终在围绕教学目标而发生变化，以及其达成程度还能被检测。要解决“教什么”和“教的如何”这类问题，才是一堂课中的教学目标，而其中的每一项几乎都会转化成检测题，而检验目标的实现程度，就是学生对于题目有着怎样的反应。

（二）选择有效可行的教学方法

教学的方法可以分为很多种，其中的每一种都会因为其独特的作用而存在，且存在一定的适用范围，因此，应当在选择教学方法时明确教学的目标与内容，以及会受到学生、具体教学组织形式的制约。

技术性教学方法，如演示法、实践法、谈话法、讨论法、参与法、读书指导法与练习法等；原理性教学方法，如发现式、注入式、启发式等方法。很多情况都会对教学方法的使用产生影响，如教师的教学经验、业务水平与个性特长等。在对教学方法进行选择时，教师应当会对教学模式实现产生影响的各个条件进行分析，从而选择出合适于自身的教学方式。教师只有熟练地对各类教学方法特性进行掌握，对各种教学方法的利弊都进行了综合考虑之后，才能进一步选择出合适的方式，并且进行优化组合；只有教学方法的先后顺序在按照具体情况进行确定之后，教师才能形成自身特有的教学艺术。

（三）采用合适的教学评价方式

按照教学目标的要求以及规则，对教学效果进行确定与描述，就是教学评价，同时将明确且客观的标准进行制定就是其关键所在。但这里还是有值得思考的问题的，那就是教学效果评价的主体究竟是“教”还是“学”。很长的一段时间内，受行为主义刺激—反映学习理论的影响，将知识的灌输者、传播者看作教师，而学生被动地接受，评价的展开所围绕的是教师的“教”，如教学内容深度、范围和选择出的教学媒体的合适程度，还有讲解时间长短等。

这类评价体系在评价学习者时，通常是为了对学生接受教师知识、传授知识的程度、数量的检验，并且通过他们的学习状况对教师确定下来的教学方法、内容的合适程度，以及教学策略的合理性进行评价，而评价之后的结果就是教师在被评价之后的佐证与实例。将学习者当作中心，并对其认知主体的作用进行强调是建构主义学习理论主要提倡的。在教学过程中，教师是指导者、组织者与促进者，学习者的学习是教学评价会去重点评价的，如学生的学习兴趣、学习动机等。虽然也会去评价教师，但是评价的出发点会有所不同，如教师对“教”的转变会不会对学生的“学”产生影响、是否将有利的学习环境提供给了学生、对学生的自主学习是否有所引导等。很明显，这些教师评价标准的制定，原因都来源于学习者。

第二节　商科实践教学的基本条件

一、准确定位

（一）明确人才培养目标

想要对一所院校的培养目标、办学方向等进行确定，就必须对这所学校的社会需求与办学实力等进行综合的分析。相较于国内一流大学与有着较早办学历史的老校相比，商科院校将对实践技能的应用型人才的重视定为培养目标，这样不仅会与经济社会发展对于应用型人才的需求相符合，还会更加与自身的客观实际相贴合。并且，社会发展与经济的实况情况，也会为高校培养出应用型的本科人才，且对现实的教学实践基地进行提供，进一步实现“产、学、研”的有效结合。

在市场经济背景下，要坚持商科教育为主体和主导的办学格局，就必须明确现代商科应用型人才应具有的基本特质。现代商科特质既含有传统的商科人才品质的精华，又融入了现代商业精神。具体表现为：思想敏锐，洞察秋毫，敏于发现机遇；博闻广学，发散思维，善于创造市场；敬业乐群，沟通协作，长于人际交往；工于计算，精明自强，敢冒市场风险；诚实守信，文明竞争，力争合作共赢；深明大义，义利兼顾，承担社会责任等。

这是我们培养现代社会需要且能在未来职业发展中，真正有所成就的现代商科人才的认识前提与工作目标。地方商科院校应始终坚定不移地走质量兴校、人才强校、特色兴校之路，在本科办学历史进程中，根据不同发展阶段的实际情况，明确办学指导思想，与时俱进，把培养目标定位在培养具有实践技能的应用型人才上，确立培养基础扎实、综合素质高、实践能力强，具有市场意识和创新精神的应用型高级专门人才的培养目标。

（二）以经济与管理学科为主体设置专业和专业方向

专业是一个教育学范畴的概念，有广义与狭义两种理解。首先在广义上说，其指的是知识的专门化领域；其次狭义上指的是联系于培养人活动的一种人才培养的基本单位，也可以说是一种教育实体，学科分类就是该实体形成的主要依据，而它的任务就是分类后的专门知识的教与学。

专业设置在人才培养模式中属于非常重要的构成因素，其是高等教育部门按照产业结构需要与学科分工而设置的学科门类。其对专业的名称与划分都有所规定，是对培养人才就业方向、业务规格的反映，一般包含了设置方向、口径、空间与时间等内容。其中，设置方向指的是在专业口径内是否对专攻方向进行分化，还有分化多少的问题，专业改革的趋势便是多方向和大专业的；而设置空间与时间指的是专业设置的松紧、早晚、灵活性等内容。

因此，我们可以发现，其实高等教育就是以学科为本的专业教育，并且想要实施这一专业教育就必须处在一定的专业结构之中。并且，专业结构和布局的合理性、科学性以及专业的建设状况等，会对高等教育的办学水平、人才培养格局等有直接影响。

劳动力市场与产业结构的升级始终在不断发生着变化，且各国的高等商科教育学科专业也都在不断地充实与调整之中。国外的高等商科院校基本都设有宽口径的商学或管理学专业，并且其也是作为主干专业存在于高等商科教育学科的专业建设之中的。同时基于此，又有很多密切联系区域时代发展、经济特点的新兴专业出现。

商科院校的学科特点客观上要求在以经济、管理学科专业为主，突出商科专业特色，并以商科专业为依托适当发展“文、法、理、工”等学科专业，为商科专业人才培养提供配套支撑和基础平台，同时在“文、法、理、工”等学科专业中注入商科色彩，实现商科和非商科专业的交叉渗透与融合，形成培养现代商科应用型人才的学科、专业背景，从而凸显地方商科院校的商科特色。值得注意的是，在合理设置专业的基础上，要以社会需求为导向，及时调整和优化专业结构，实现多学科、多专业协调发展的良好格局。

（三）妥善处理专业建设与学科建设的关系

商科院校一般定位于教学型大学，理应强化专业建设，但不可忽略的是，教学型大学也必须加强学科建设和科学研究。事实上，大学的学科和专业是不可分割的，如果说紧抓学科建设是大学办学遵循管理理念的体现，那么教师谈学科建设就是工作范式与视角相转换的反映。高校教师的专业化发展应当是在自身从事学科的基础上进行的，专业的支撑平台是学科，由此也就自然会形成专业设置。商科院校在办学中的各项资源都还不够充足，所以更应在全校范围内通过学科建设进行挖掘、重组和生成资源。

二、加强课程建设

（一）课程体系结构的总体要求

地方商科院校人才培养的课程结构应该体现商科专业所要求的基本知识结构和质量标准。围绕应用型人才培养的目标，着眼于学生知识、能力素质结构的优化设计，我们认为地方商科院校的课程结构应该按照“注重基础、突出主干、避免重复、强化实践、把握前沿”的基本要求，坚持通识教育专业教育和素质教育相结合，努力构建全校公共基础课程平台和专业大类基础课程平台，形成“公共基础课＋学科基础课＋专业课（专业必修课＋专业限选课＋专业任选课）＋科学人文素质选修课＋实践教学环节课”的模块式课程体系结构。

（二）确定主体框架的思路

在明确了商科院校应用型人才的质量规格后，培养目标业务规格得以实现的关键就成了对切合实际且方便操作的培养方案进行设计，而且对于人才培养方案的设计工作来说，构建一个相对完整、逻辑性强的培养体系可以说是最重要的。传统上的人才培养体系在设计时通常都会按照学科的范畴进行，经常侧重于传授基础的知识教学与理论，而对培养应用能力以及培养学生综合素养方面会有所忽视，且对于实践教学体系来说也没有相对系统的构建与深入的思考。按照商科院校应用型人才的规格特点来说，我们应当按照要求围绕着其应用型人才的能力、知识与素质和谐发展的目标要求等，将核心看作对能力的培养，从而构建出一套内在统一且相对独立的人才培养方案。同时，在构建整个体系的过程中，一定要及时地对教育思想观念进行更新，要知道，高等教育大众化能够实现的前提是应对高等教育多样化进行充分认识，由此建立起核心为社会适应性的教育质量观、人才观。

人才培养规格的不同，必定意味着培养方案也都有所不同，为了对目标为“宽、深、交”的研究型人才培养模式加以区别，应将之前传统的研究型人才培养教学体系予以打破，突出应用型的人才特色，并将教学内容加以整合，对理论、技能的深度与广度加以确定，保证教学过程中的能力培养、知识传授与素质提高等能够有机结合，并且还相对独立，将核心是应用能力培养的高素质商科应用型人才培养体系构建出来。其中，包含了体现出个性化、多层次的培养特征，对能够提升基础知识、理论为目标的理论教学体系加以构建和完善；目标是对基本技能、专业技能进行提升的实战教学体系。因为对相对系统、完整的理论教学体系进行了构建，加强学生的理论基础，才使得学生能够拥有必要的自然科学知识与人文社科知识，以及较为厚实的基础理论；通过构建由课程实验、课程设计、生成实习、毕业实习、毕业设计等模式组成的课堂内外相结合的实践教学体系，强化实践教学，对培养学生的应用能力进行加强；并且，通过对贯穿学生全过程的创新创业教学体系、专业素质拓展等的构建，也进一步陶冶了学生情操。

（三）商科院校人才培养模式的课程结构

地方商科院校人才培养的课程结构体现了商科专业所要求的基本知识结构和质量标准。地方商科院校应根据经济社会发展对人才培养的需求和自身的基础条件，遵循在教育中强化应用、巩固基础和对专业应用进行突出培养的原则，对理论课程加以整合，以及对理论教学的应用性进行突出，从而构建起一个逻辑性强和有着明确目标的平台及模块化相结合的课程体系。一般来说，该课程体系涵盖了以下模块。

1. 公共基础课模块

这一模块基本包含了三类，即工具课基础、人文科学基础与通论课。其中，工具课基础包含了计算机、外语等；人文科学基础包含了体育课、思想品德与应用写作等；通论课包括管理学通论与经济学通论等。对于大学英语，以公共课形式在全校统一组织，并根据学生学习基础的不同实行分层教学，凡提前完成大学英语必修任务的学生可修读选修课程以补足大学英语的总学分。对于计算机课程，非计算机类专业计算机基础教育按照计算机文化基础教育、技术基础教育、应用基础教育三个层次分级组织教学，同时在科学人文素质选修课模块中设置计算机类系列选修课程。对于通论类课程，地方商科院校应明确其在人才培养的地位，进一步强化通识教育，突出商科院校办学特色。

2. 学科基础课模块

作为地方商科院校学科基础课要积极打造课程平台，着力解决“厚基础、宽口径”的问题。学科基础课模块应占总学分的 20% 左右。原则上学科大类所涵盖的各专业的学科基础课程应该相同，如经济学和管理学的学科基础课程可统一设定为微积分、线性代数、概率论与数理统计、政治经济学、微观经济学、宏观经济学、会计学、统计学、管理学等，为夯实学生的学科理论基础提供必要条件。同时，作为学科基础课模块的一个重要组成部分的高等数学课要针对学科专业特点和课程设置的目标要求，结合生源结构特点与学生学习基础差异制订切实可行的分类教学改革方案，努力满足不同专业、不同层次、不同基础学生的学习需求，为提高学生的相关专业能力奠定扎实基础。

3. 专业课模块

这一模块主要由三部分组成：专业必修课、专业任选课和专业限选课。其中，专业限选课主要指的就是各个专业按照专业知识结构、专业方向的需要而开设的课程。这一类的课程在开设选修课时，都可以按照不同的专业侧重、社会对人才的需求来进行，对学生选修有所限定。专业任选课是对学生知识面进行拓宽，从而对学生素质以及所学专业深度加以提升而设置的课程，可以让学生按照自身需要与爱好等，自由地在学科大类中进行选择，最终取得规定学分。而对该模块进行设置时还应注意，应对各个专业予以鼓励，使其根据自身特点将课程群设置好，从而实现课程小型化；鼓励在专业限选课中设置不同方向的课程模块，并明确课程选择的条件、范围与目标要求，切实拓展课程选择空间；鼓励应用性、操作性强的课程单独设置实验课；鼓励增设反映时代发展和人才培养需求的新课程。同时，为增加学生选课的空间，建议选修课所设课程的总学分数要求为应选学分数的 1.5 ～ 2 倍。

4. 科学人文素质选修课模块

这一模块涵盖了四大类课程，分别是自然科学、人文社科、经济与管理以及艺术与体育，而将学生知识面进一步扩大、使学生的科学文化素质得以提升等就是其目的所在。并且，在这一模块之中，还可以明确地要求学生在对科学人文素质课程进行跨学科选修时的学分，以及对学生进行规定，让其不能去选择本专业所开设的选修课程。该模块的选修时间灵活，学生可根据个人爱好和时间自行确定其每学期选修的学分。该模块占总学分的 6% 左右。

5. 实践教学环节模块

这一模块则包含了三大内容，即课程内实践环节、独立实践教学环节、素质拓展与创新创业教育项目。其中，军训、毕业实习、学年论文、毕业论文与设计、社会调查等实践课程都包含在独立实践教学环节之中。而素质拓展与创新创业教育项目通常指的就是学生参加的课外活动，如学科竞赛、社会实践、创新实验计划等。商科院校可根据具体情况设置该模块的学分，但我们建议各专业含课内实践教学学分的课程门数原则上不得低于该专业课程总门数的 20%；理工类专业实践教学环节的累计学分原则上不低于总学分的 25%，“经、管、文、法”类等人文社科专业的实践教学环节的累计学分原则上不低于总学分的 20%。为保证实践教学环节效果，凡在课程内设置和独立设置的实践教学环节都必须有明确的教学内容详细实施方案，以及相应的教学指导文件；同时，为加强学生实践能力的训练，鼓励有条件的专业还应设置一门综合性专业实践课程。对于素质拓展与创新创业教育项目，商科院校可根据学校对素质拓展与创新创业教育教学的总体要求，结合学生发展的实际需要，要求各专业制订具体的教学指导方案。

为实现第一、第二课堂的有机结合，在制订人才培养方案时，可将素质拓展与创新创业教育项目纳入其中，按学校相关规定认定学分，并规定学生必须修满一定学分方可毕业。

三、深化教学改革

（一）基本手段为课程群建设，整合课程教学内容

影响专业人才培养目标实现的重要因素之一，就是课程的教学内容。从世界范围看，课程类型与学分在国外的高等商科教育中基本是保持不变的，但是其中随着科技进步与经济发展发生变化的则是课程内容。不断提升的国际化与

市场化主要表现为已经减少的理论性课程和增加了的实用性课程；课程设置中“涉外课程”的不断增加，不管是基础课、专业基础课还是专业课，都朝着实用性方向发展。

在应用型商科专业理论课程体系的构建过程中，要紧紧围绕“应用型人才”的培养目标，研究人才培养目标的整体，将传统中按照学科范畴对课程进行设计的旧框架予以打破，以及有目的地加强整合主干理论课程。从总体方面，将学生所要掌握的能力发展要求和知识点设计出来后，再按照有所为有所不为的原则，大胆地对各种课程进行整合、裁并更新，并且组织、设计并开设出新课程，由此才能将系统且完整的理论课程体系构建出来，为实践教学预留充分的学分。其核心应为专业的主干课程，并由若干个课程群对课程加以组合，从而使课程群明确自身与其他课程群之间的关系，以及在人才培养的整个计划中的地位与作用。

（二）以学生能力提高为重点创新教研方法

地方商科院校要实现应用型人才培养目标，就应当不断创新与之相适应的教学形式和手段，把教学内容从理论与实践脱节转向理论教学与实践教学紧密结合，使教学手段从单一转向多样化，将教学组织形式从一元转向多元，从以“教”为中心转向以“学”为中心，让学生实实在在地获得知识和经验。

1. 改变教学方法

广大教师要改变传统的“满堂灌”、照本宣科式的教学方法，积极运用案例教学法、现场教学法、启发式教学法、讨论式教学法、情景模拟教学法、专题式教学法、研究性教学法进行教学，实现师生互动。高度重视采用现代化的教学手段、方法，特别是多媒体技术等的应用。

2. 改革考试方法

为更准确地检测教学目标的实现情况，针对各门课程的特点，以能力立意为主改革考试的内容和形式，侧重对学生知识运用和综合素质的考查，在考核方式上针对不同课程的特点采用多种考核方式，引导学生由单纯的背书式学习向主动的综合性、能力性学习转变，由单纯的知识积累向知识、能力、素质并重转变，激发学生的创新思维，培养学生的实践能力。

3. 积极推进教研教改和实践教学

教师要在积极承担国家级、省级和校级科研课题研究的同时，一是不断将自己的研究成果融入教学过程之中，充实、更新教学内容；二是以研究成果为主要内容开设学术讲座，或者开设选修课，逐步形成特色教材；三是以服务地方经济社会发展为目的，吸纳带动一大批学生参与社会实践，在实践中形成毕业论文（设计）选题，训练培养学生的创新思维能力和实践技能，提高学生的综合素质和分析问题的能力。

此外，除了一些共同基础课外，可以允许教师教学内容上的个性化；允许教材的多样化和个性化；鼓励教师探索各种有利于启发和调动学生学习积极性、有利于激发学习的创新意识的教学方法；体制上强化学生的读书、实践、实验设计等自主学习环节。

四、加强师资队伍建设

地方商科院校要实现全面协调可持续发展，必须始终把提升核心竞争力放在学校发展战略的第一位，而师资是学校办学的核心资源之一。为了培养具有商科特质的应用型人才，学校应该努力打造一支学术造诣高、业务能力强、企业和市场经验丰富的教师队伍。

（一）重视“三支队伍”的协调发展

为不断优化人力资源，地方商科院校要结合自身实际，高度重视队伍建设的协调发展，为实现人才培养目标提供根本保障。可以从两个方面来看待队伍建设的协调性发展，其一就是所谓协调的“三支队伍”的建设，也就是应协调好管理者队伍、教师队伍以及职业队伍。因为高校是一个对教学、科研以外大量其他事物都能够包容的开放社会型组织，并不是单纯的教学、科研机构，所以，各个方面的人才都要能推动这一组织的正常有序运转，并且由他们去进行管理育人、教师育人与服务育人的工作。

总之，只有通过建立团结协作的学术团队，构建核心人才队伍，培育具有创新精神的教职工文化，不断推进队伍建设的协调发展，才能持续提高学校的核心竞争力。

（二）大力加强“双师型”师资队伍建设

没有具有实践经验的高素质的教师，很难想象学生能成为应用型高级专门人才。近年来在师资队伍的建设中，许多高校往往看重的是教师学历层次的提升和职称结构的改善，却忽视了对教师尤其是专业课教师实践能力的培养，加之受传统教育管理体制的影响，相当一部分教师不得不把时间和精力用在钻研书本理论和撰写论文上，想提高自身实践能力也是心有余而力不足。为了改变这种状况，需要高度重视并大力加强教师尤其是专业课教师实践能力的培养，一方面，他们会为企事业单位选派一些有着较高业务水平和扎实理论的教学骨干进行挂职锻炼，并在实际工作中的这一学科，对其最新的需求与动态进行了解；另一方面，对企事业单位中业务能力较强的优秀管理人员进行选聘，让其担任兼职的实践教学指导教师，从而使实践教学指导教师队伍得以充实，尤其是对“双高”教师进行引进时，应当坚持在同等的条件之下，有企业与市场经验的人优先的原则。在此基础上，打破学科和院（系）界限，按照“不求所有、但求所用、专兼职结合”的基本原则组建知识能力、素质结构互补的实践教学指导团队，切实提高实践教学指导教师队伍的水平，增强实践教学效果。

五、构建商科实践教学体系

（一）完善实践教学体系

实践教学在应用型人才培养中发挥着积极作用。根据人才培养的目标定位，我们认为，应该按照“四年不断线，三个层次相呼应”的思路，构建体现商科特色的实践教学体系。将课程实验、社会调查、毕业论文、毕业设计、学年论文、课程设计、素质拓展等进行统筹考虑和合理安排。

（二）丰富商科实践教学内容

1. 商务案例分析

要时刻对商界精英的成功经验进行学习与借鉴，这也是学校商科类专业教学的重要内容所在。教师自己编撰的案例集，都是古今中外众多商家经典案例的精选，这些都是作为商科专业课堂教学的特色教材而存在的。

2. 商务技能训练

商务实践教学的目的之一是让学生能对专业的操作技能进行掌握。计算机在情景模拟中，会在课堂中搬入商场，并对业务流程进行直接演示，使得学生能够在课堂中就仿佛真正地接触到了企业、社会与实际工作。

3. 商务活动参与

学生在工商企业中参与营销策划、经营管理或是劳务推销等过程就是所谓的商务实习，学生在这一过程中可以对商科专业理论进行充分的体会与掌握，并且能够学以致用。

同时，还应当丰富实习的形式，即从操作实习与认知实习，向着顶岗实习与见习实习等方向发展。并且还要牢牢抓住各地举办的那种大型交易会，以及让学生积极地参与其中，开展策划、宣传与其他一些实务工作等，使其成为良好的商务活动平台。

4. 商务项目研究

学生参与实践研究能有效地将课堂所学应用于实践，提高学生的实践动手能力。学校可以有计划地对企业经验丰富和学识水平高的教师进行安排，让其带领学生进行社会调查，并按照当今社会企业改革的现实需要，以及经济运行中发生的巨大问题，对学生论文的选题进行一定的指导，并让其从事应用性的实证研究等，其成果将直接服务社会、服务地方经济。

六、推进校园文化建设

商科属于应用型学科，商科院校主要培养适应经济社会发展需要的，德、智、体全面发展的，有开拓性、创造性、协调能力，具有较高商业知识、较强实践能力的高级应用型人才。这种应用型人才既需要宽厚的理论基础，又要掌握相关的技能，是一种具有一定理论涵养的应用型人才。

（一）充分发挥校园文化的积极作用

校园文化是学校特殊群体在某一个特定的环境中经过长期积累与发展形成的有别于其他学校的文化。校园文化包含了校园生活的多种内容，有物质的，又有制度和精神的。从事校园文化活动的主体是在校学生，还有教师、干部等。校园文化是校园生活存在方式的一种总的面貌，是把学校的教育寓于活动中的一种文化形态。校园文化对学校和学生的发展具有很强的影响作用。校园文化通过营造一个健康向上的求学与做人的良好环境来塑造学生、教师的品格与求学精神；校园文化的内容与形式及其文化氛围深刻地影响着学生的思维方式与生活方式，是一种客观的实际环境力量，起着制约和规范学生思维与行为的作用；校园文化是不断发展创造的，这个过程是师生发挥自身创造力的过程，对激发师生的创造精神有重要作用。培养商科应用型人才，必须充分发挥商科特色校园文化的积极作用。

（二）培育校园文化特色

1. 重视师风建设，塑就高尚师德

学校应该高度重视培育教师的师德修养和敬业精神，强化导向机制，完善激励机制，构建长效机制，以师德促教风，并由此带动学风、校风的整体建设，努力营造广大教师爱岗敬业、严谨治学、从严执教、教书育人的良好文化环境。

2. 推进学风建设，营造好的文化环境

这客观上要求通过新生入学教育、主题教育等途径和形式，让学生明确学习目标，树立正确的成才观念，培养自觉学习、自主发展的意识；通过广大教师的敬业精神、治学态度和责任心等引导学生学习成才；提升校园文化品位，夯实学校文化底蕴，同时，开展一系列课外科技文化活动，引导学生学习的兴趣，巩固专业知识，激活学习动力。

3. 开展课外科技文化活动，营造丰富的校园文化生活

出台加强校园文化建设的指导性文件，聘请校内外专家指导课外科技文化活动，通过积极开展课外科技文化活动，举办科技文化艺术节，开展大学生创业计划大赛、经济管理案例分析大赛等一系列课外科技文化活动，促进校园文化建设。

4. 构建职业生涯教育机制，培养学生的从商意识

学校应该注重把职业生涯教育始终贯穿到学生学习生活的全过程。一是抓入学教育。通过校史教育和专业教育，宣传学校商科办学历史、商科背景和校友精英人物，鼓励学生树立从商的志向。二是抓就业教育。就业指导课纳入人才培养方案，计算学分，组织各种讲座、专题报告会、座谈会、个别咨询、模拟招聘等活动。在就业教育中，引导学生面向企业和地方经济建设就业，鼓励学生自主创业。

第三节 商科实践教学的现状

一、实践教学概况及问题分析

（一）商科类专业实践教学概况

实践（实训）教学、各类论文与实习教学、各类调查与证书培训等方面的内容都属于高校经管类专业的实践教学环节。其中，通常为了与基础、专业的理论课程相结合而开设的是实践（实训），这门课程的进行过程也只是教学计划所规定的时间之内，一般是先由教师讲授，学生再按照指导书上面的步骤或是教师的布置进行实践操纵。在这样的模式过程中，虽然确实培养了实践能力，但在传授时也只能因为其是一种技能与知识，由此就会导致学生无法培养具有“创造性”的应用能力，并且会限制其学习的积极性与主动性。

社会实践的进行则是与某一门或者是某几门课程相结合，因为会受到场地、时间与经费方面的制约，所以通常只是走一走形式，通过学习的课堂理论撰写关于实习的体会与感想等，再依次完成实习报告与评定成绩等内容就相当于整个实习环节结束，但学生在这一过程中是什么收获都得不到的。

而对于毕业设计或毕业论文来说就更是有很多局限性存在了。因为相关于经管类专业研究的课题一般都会与实习企事业单位的财务管理、行政管理等相关，而企事业单位的核心所在又是这一领域，所以会不愿意学生进行实习。即便学生可以去实习，他们也不会与任何实质性工作有所接触，所以学生在这里也几乎得不到锻炼，也就更没有研究真实课题的机会。并且，高校是比较缺乏实践教学师资的，在认同学生实习和认知自身的社会责任方面，社会的企事业单位存在思想认识的问题，这也是对高校学生与社会需求培养有所影响的重要因素。

（二）经管类专业实践教学存在的问题

1. 教学方式单一、内容陈旧

我国在高校经管类专业中引入实践教学已经有了一定的发展历程。虽然高校创新并改革课程设置、教学内容与方法等方面，但是其培养模式就整体来讲还是相对单一的，并且管理模块也较为死板，这样一来，将会使学生的主动性、积极性与创新性等都受到影响。

与此同时，教师在学生实习、实践之前，会将实践内容、步骤、操作方法与报告格式、得出的结果等都写清楚、写仔细，而学生是对教学大纲所规定的内容加以完成，并对其中的方法、原理等都一一掌握，这些操作完全都是在教师设定好的范围之中完成的，并没有学生自己的思考，所以这对学生培养创新精神几乎没有任何益处。如今主要的教学方式大多还依旧灌输性与单一化的教学方式，师生之间并不存在过多的交流。而且很多过时的教学内容，即使已经在经济与科技不断进步的期间也失去了价值，但其比例却在教材中有很大一部分。而那些科学知识体系的一些前沿知识，在经过转化后却没有被教学采纳。

2. 教学环境滞后

因为经管类专业是一门较为特殊的学科，所以在进行实践教学时，常常没有特别实用与合适的教材。政策性在经济管理类的专业课程中的作用是很大的，每年国家基本都会调整经济政策，但是实习模拟教材却很少及时地进行变更，所以就导致很多模拟教材版本较旧且存在漏洞，这样一来，虽然教师可以在备课时为学生更新这些知识，但教材与实践系统却不行，最终导致实践的政策依据脱节于最近的经济政策，从而无法达到实践教学的要求、目的等。

而且，模拟教学软件很难通过硬件设施而有效地运行。即使在硬件配置方面，已经有一小部分的学校进入先进行列之中，但还是有很多硬件设施是不足以支撑其有效运行的，最终就会对实践教学的质量产生影响。

3. 专业实践培养地位不突出

主要有两方面会表现出专业实践教学地位的不突出。其一，因为存在传统应试的教育思想，所以长期以来就会形成一种认知，即“理论教学体现学术性，实践教学是理论教学的一个环节、一种补充”。实践教学是因为验证理性认识，学生掌握理论知识水平的多少反映了学校教育质量的高低，并且也没有过于注重培养实践能力。其二，相较于理论教学来说，实践教学的难度要大一些，所以会产生一定的畏难情绪。实践教学不仅要对教材进行仿真和模拟，而且需要提供场地与实物等；还需要与校内、校外的相关部门和有关单位都打好交道，并协调好。很多教师都因为怕麻烦所以几乎不搞校外的实践教学，所以大部分的实践与实习都只是敷衍了事，根本没有过多的实践研究过程。

4. 实践教学队伍欠合理

近些年以来，因为很多高校都开始扩招，所以在一定程度上就增加了教学的工作量，教师也就没有充足的时间与精力去对培养创新人才的新方法、模式等进行探索，因此在完成教学任务时，依然采用的是传统教学方法，基本不存在任何科研成果与创造性教学成果。实践教学的主力军是高校的专职实践教师，但就目前来说，学校会过多地强调教师队伍的知识结构、学历结构与职称结构，但对实践能力要求却并不突出。实践效果会受到影响的重要因素之一，还有实践指导教师不同的指导能力。

5. 实践教学质量评价不完善

从课堂理论教学来看，高校基本都逐渐建立起一套相对完善的教学质量评价指标体系，但是因为高校经管类专业实践教学的发展在我国起步较晚，所以，面对不够健全的实践教学质量监控、环节管理以及不够规范科学的标准，使其实践水平很难有客观评价产生，而实践教学的质量也因此会受到影响。

二、深化实践改革与提高效率

（一）充分认识实践教学的重要性

知识的产生来源于实践，对于能力的培养则更是要在实践中进行。对实践教学进行加强，要做的就是对实践教学中学生创新、综合素质与能力方面的培养要给予肯定，对实践教学在教学改革发展的推动方面，以及对办学特色进行突出的方面有一个充分的认识，从而消除有关“重理论、轻实践”的偏见。实践教学和理论教学之前既相互独立又紧密联系，属于两个相互依存、独立却又互相促进的教学体系。对于学生创新精神、应用能力培养以及综合素质提升等方面，实践教学都有着一定不可替代的独特作用，为了对具有较强适应能力、知识面广、有扎实基础的人才进行培养，就需要将教学改革不断深化，并将其摆到一个突出的位置。

（二）创建新型实践教学体系

创新的基础就是实践，所以应当对传统的教育模式的实践教学进行彻底改变，从而摆脱从属地位的现状。因此，要想对实践教学的主体地位进行确立，那么就一定要从对现有课程体系设置的改革开始。将实践教学在课程体系中的主体地位凸显出来，这意味着会大量地增加实践教学的学时比例。可以说，这在我国高等教育的改革史上处于里程碑一样的地位，它带来了高校办学模式，并极大地转变了学生的学习方法、教师传授知识的方法与模式等。因此应当基于充分的调查研究再接着进行推动。

改革实践教学体系主要是对“新型立体实践教学体系”进行创建与完善，这种新型体系包含了横向与纵向体系。其中，横向体系是由专业实习、课程实践、暑期社会实践、毕业实习、科研创新与社会活动等组成的；而纵向体系属于学校、学科中的管理层次，由学校进行宏观指导，并让学院做出规划，之后再按照不同学科的特点对实践教学培养体系进行构建。除课堂教学以外，在校期间的任何教学环节都属于有着不同形式的实践教学活动。

（三）丰富实践教学内容与方法

除了会加强学生的感性认识外，实践教学还可以对其进行帮助，从而对所学理论知识学会接受、理解与应用。除了对学生的分析、观察与解决问题的能力进行培养，还应当重视学生的综合素质与创新思维。

更新实践教学内容，一方面要对课程内容的研究进行更新，另一方面还要着重对培养学生的综合能力进行加强，使学生能尽快地在已经创造好的条件中参与创新活动与实践；还应当整合与筛选现有的一些实践教学内容，让验证性的实践内容逐步减少，在设计性、综合性与研究创新性方面的实践慢慢增多。将立体化、多样性且高质量的实践教材建设引进过来，不仅可以将知识的基础性体现出来，还能表现出其先进性；并且，不仅可以将更新过的内容与学科内涵体现出来，还可以对新方法与新理念的采用进行反映。

三、完善实践管理及监督评价

（一）实践教学管理质量监控机制的建设

因为高校经营类的专业实践教学始终都在发展之中，加上日益突出的实践教学地位，高校随着面临的紧迫任务就是要建立一套能够与之相适应的管理、质量监控机制。传统实践教学管理与质量监控制度等都太过单一与抽象，所以即便会不停地改进与完善，还是会落后于现代化信息网络的实践教学。

对实践教学质量监控体系的构建，最重要的就是对实践教学水平与效率的提升。我们可以借鉴 ISO 质量管理原则与模式，构建实践教学质量管理体系。ISO 质量管理体系引入教育管理中是在 2000 年，在促进学校规范化、程序化、科学化的管理中发挥了重要的作用。目前，全国已经有数百所大学、中学和不同类别的学校引入该体系，即通过明确质量管理目标、加强监督检查与考核、完善质量管理文件，教学质量管理的规范化、制度化与现代化水平有所提升。

（二）实践教学评价体系的完善

实践教学建设与改革、实践教学管理与教学效果等环节评价都存在于实践教学评价体系之中。其中，对于实践教学质量监控来说，实践教学评价体系不仅是其主要依据所在，同时更是教学质量得以保证的必要环节。高校的实践教学管理在教学建设的不断发展之中最大的挑战，就是对实践教学改革以促进、对实践教学管理以规范、提升教学质量以及落实质量评价工程等。

四、加大实践力度与营造实践环境

（一）建立以人才培养目标为导向的实践教学体系

如今想要对高质量的经管类专业人才进行培养，最重要的一点就是将基本导向确定为专业人才培养目标，以及构建出与高校经管类学科特点相符合的教学体系，使其能够在教学实践中统一地被运用。经管类专业人才在社会中，常常被要求要具备国际化的视野、复合型的知识结构、良好的社会责任感、适应能力较强、有一定职业道德，以及可以胜任企事业单位和经管部门等管理工作的应用型人才。只有上述要求都得到了满足，才能实现社会竞争力的人才培养目标。

以人才培养目标为导向的实践教学体系框架大致包括：实践教学类型、实践教学方法、实践教学准备、实践教学内容、实践教学队伍、实践教学评价、实践教学环境七个部分。

这一体系说明了，实践教学其实属于一项系统工程，想要对实践教学进行加强，就要将实践教学体系中的内外关系搞清楚，从而使其变得更加和谐；还应对其目标体系进行细化，对各实践环节、活动等具体目标也要加以确定，以及对实践教学内容结构进行调整，组织各种类型不同的实践和使用多种教学方法。另外，还要增强师资队伍的建设，实行教学资源的开放式管理，充分调动起学生的积极性与热情。总而言之，学生需遵守一定原则，主动去适应社会经济的发展，不断对实践教学自我完善机制进行探索，构建出一个高效运作的、开放式的实践教学体系。

（二）注重实验室专业化建设

对高素质创新人才进行培养的重要场所，就是实验室和实验基地。因为现代经济的快速发展，学科的专业建设也随之发生着调整，而确保实践教学效果与提升教学质量的决定性因素，就是实践室中逐渐加强的软硬件条件的合理化建设力度。因此，如今高校面临的首要问题，就是更新实验室应用系统步伐、加强实验室专业化建设和实现实践教学环境现代化。

能够顺利实施实践教学体系的重要载体即模拟实验室，很多经济管理类的高校都是具备的，但是它们以往实践效果、能力的差异却很大，可以真正满足实践需求的更是少之又少。所以，对实验室专业化的软硬件建设以加强，并将一个完整的模拟数据系统建立起来，这些都是作为基础存在于实验室专业化与现代化建设之中的。

实施实践教学方案的有效途径，即为积极开拓建设一批有质量、有层次和相对稳定的实践教学基地，所以，努力加强校外的实践教学基地的建设步伐就显得非常有必要。不仅可以聘请或吸引基地所在单位的专家与领导、专业的技术人员一起参与到实践的管理、指导当中，还可以要求师生都积极地投身在基地所在单位，开展员工培训、实习服务和实际顶岗等工作，在共同合作、互惠互利的过程中，不断拓展校外实践基地建设的新路。

（三）实践教学管理制度化

在实践教学环节，能够在学分制的教学改革中占一定比例的，不仅需要有良好的师生互助实践教学氛围，还要有能在培养计划中加入学生的科研创新。这样，可以从一方面为学生建立起科研的创新基金，对学科竞赛活动进行加强，以及构建一处学生创新的实践基地，便于各类创业大赛活动的开展，且对学生进行的科研创新也是一种鼓励；而从另一方面可以调动起实践教学中教师的积极性、主动性与创造性，还可以采取奖励实践教学成果与论文，发放实践教学的工作量津贴，考评实践工作以及对科研、教学改革等进行评审等机制。与此同时，还可以将实验室实行全方位开放，规范健全实验室管理制度，并利用有限的资源加强实践教学。

第四节　商科实践教学质量管理

一、实践教学质量监控体系的构建

（一）实践教学质量监控体系构建的原则

实践教学质量监控体系必须遵循以下原则。

1. 实践教学管理制度与培养目标相协调的原则

完善的实践教学管理制度是构建实践教学质量监控体系的基础和前提。实践教学管理制度是对实践教学的规范，是实践教学项目设置、内容体系安排、管理体制机制、管理机构、组织形式、运作模式、考查考核、检查评估等的制度性安排和规范性要求。然而，学校人才培养目标不同，制度设计也必然不同。就本科院校而言，人才培养目标定位于应用型人才，实践教学重在提高学生的知识应用能力和专业技能，因此，实践教学的规章制度就是以提高学生的知识应用能力和专业技能为中心，组织教学资源、构建教学过程、安排教学环节、设计教学规范，从而使学校的实践教学管理能真正促进应用型人才培养质量的提高。

2. 全程监控与分层监控相结合的原则

对于应用型本科院校而言，实践教学已不再仅仅是理论教学的补充，而是整个人才培养过程的重要环节，贯穿于应用型人才培养的全过程。因此，对实践教学质量的监控是本科院校教学质量监控的重要组成部分。由于实践教学本身的复杂性和表现形式的多样性，实践教学质量监控体系的构建必须既有总体设计，又要体现层次性。从学校层面，有对实践教学的总体要求，有对实践教学质量的全过程、全方位、全员的监控，构建学校整体的监控框架。但是，实践教学又因专业的不同而具有不同的内容体系和组织形式，最终又要落实到各个教学单位来实施，因而，对实践教学质量监控体系的构建既要有学校层面的整体设计，又要体现分层监控、分层实施，各教学单位的监控和实践教学小组的监控不仅必不可少，而且十分重要。只有实行了分层监控、分层实施，才能体现全过程监控、全方位监控和全员监控。

3. 可操作性原则

实践教学质量监控体系的构建，目的就是有效监督和控制实践教学质量，这就要求实践教学质量监控体系要具有很强的可操作性。对实践教学质量的监控无疑需要一些原则性的指导意见，要有对质量标准、操作过程的一些原则性说明，但更需要一些可供检查、分析的定量标准。同时，对监控过程的设计也要考虑到可操作性原则，方案设计要具体，要求要明确，指标要数据化，方法要可实施。对实践教学质量的监控也是一项常规的工作，在构建监控体系时还要考虑到年度考核要与中、长期的发展有机结合起来，年度的监督检查为实现中、长期的发展目标服务。

（二）实践教学质量监控体系的内容

实践教学质量监控体系一般由目标系统、质量管理系统、教学过程监控系统、信息反馈系统等四个子系统构成。

1. 目标系统

其由学校定位、人才培养目标和人才培养规格构成，是整个监控体系的出发点和终结点。实践教学要达到什么样的人才培养质量，取决于学校的定位。高校将人才培养目标定位于培养高级应用型人才，在学生的知识结构、能力结构和素质结构的要求上必然都有别于研究型人才，因而应围绕这一目标构建其实践教学质量标准的目标体系。其一般包括以下四个体系。

（1）实验教学质量的目标体系

实验教学是学生在校期间延续实践最长（从低年级到高年级）、涉及课程最多的实践教学环节。它是实践教学环节的基础和主线，也是培养学生创新精神与实践能力的重要渠道。实验教学的目标体系应当包括：满足人才培养目标要求的实验教学体系，即实验教学计划、大纲、教材以及实验教学文件资料；实验的开出状况及综合性、设计性实验的比重；实验教学教师队伍的结构与建设；实验教学设备的总值及学生均值；学生实验能力及水平；等等。

（2）课程设计教学质量的目标体系

课程设计对大学生来说是从学习知识到应用知识，从基本理论到初步实践应用的启蒙式教学环节。它是学生扩大知识面、开放创造性思维、增强实践能力的重要手段。课程设计主要是围绕某门课程的教学进行的，时间较短，涉及面不够宽，因此课程设计有别于毕业设计。课程设计的目标体系应包括：课程设计的文件资料建设，指导教师队伍的结构与建设，教学管理制度以及课程设计的质量与水平等。

（3）实习和社会实践质量的目标体系

实习和社会实践是大学生在校期间从课堂走向生产和社会实践的重要实践性环节。其目的是让学生巩固所学的理论知识，接触工程与社会实际，扩大专业知识面，培养学生初步运用所学知识分析和解决实际问题的能力。学习和社会实践的目标体系应当包括：实习和社会实践的组织、管理和考核；教学文件建设；实习指导教师队伍的结构与建设；实习和社会实践基地的建设与教学效果；等等。

（4）毕业设计（论文）质量的目标体系

毕业设计（论文）是大学生在校期间最后一个综合性实践教学环节。它是对大学生基础理论和专业知识掌握程度、独立分析和解决工程与社会实际问题的能力、文献检索能力、计算机及外语应用能力、实验能力和文字表达能力的一次全面的考核，因而也是考查一所高校人才培养质量的重要指标。毕业设计（论文）质量的目标体系应当包括：毕业设计（论文）环节的管理制度（立题、开题、中期检查、答辩、考核、总结以及设计（论文）文本的规范要求）；毕业设计（论文）指导教师的结构与建设；毕业设计（论文）的质量和评审质量；等等。

2. 质量管理系统

质量管理系统的功能是对全校实践教学质量监控与保障系统的管理以及系统运行的具体组织与执行。该系统直接决定了质量监控保障体系系统功能的发挥。质量管理系统可分为学术与行政管理两个子系统。

学术管理系统由学校的教学工作指导委员会（或学术委员会）及各学院的教学工作指导小组（或学术委员会）组成，其成员为学校或学院聘请的有关专家。学术管理系统的功能主要是对实践教学的学术水平实施监督，并为行政管理系统提供信息及决策咨询。

行政管理系统由学校有关职能部处（教务处、资产处）、教研室及学生班级构成。其主要功能是运用行政手段，对实践教学活动进行计划、组织、协调、监控，确保实践教学质量目标的实现。行政管理系统起着主导和指挥中心的作用。

3. 教学过程监控系统

制定相关标准、分辨优势和劣势是教学过程监控系统的基本职能，此外，还应双向调节目标和教学的运行，保证系统在工作时始终保持着最好的状态。监控系统主要是由以下四部分组成：①教学质量监控，②教学运行检查，③教学专项检查，④教学评估。可以说，教学质量监控体系的重点就是以上这四部分。在进行教学监控时，应严格遵循教学的一般规律，然后根据一系列评价程序，让活动能够有计划、有组织地开展。此外，还应该第一时间去了解和掌握与实践教学有关的动态信息，从而使管理系统能够有效对实践教学的实施进行协调和监控。一般情况下，同时对学校、院（系）、指导教师这三个等级进行监控，才算得上是科学、全面的实践教学质量监控系统，具体如下。

（1）学校的实践教学质量监控

对学校进行的实践教学质量监控主要是看以下几点：①该校所制定的实践教学体系是否和人才培养目标的相关要求相符；②该校在实践教学环节当中进

行的实践安排和制定的一系列管理制度是否能够有效保证实践教学环节的正常进行；③该校参与实践教学的教师结构及素质是否符合要求；④监控该校实践教学的现状、改革、研究以及质量情况。

（2）院（系）的实践教学质量监控

对院（系）进行的实践教学质量监控的关键性内容主要包括以下几方面：①在实践教学过程中涉及的文件，如教学大纲、指导书、计划书等；②相关的辅助材料、制定的管理制度以及考核办法；③能够对教学效果进行反映的文本资料，如实验报告、实习报告、课程设计和毕业设计（论文）等。

（3）指导教师的实践教学质量监控

对指导教师进行的实践教学质量监控的关键性内容主要包括以下几方面：①监控教师在进行实践教学之前所做的一系列准备；②监控教师在教学指导和教学管理方面具备的能力；③监控教师进行实践教学能够达到的教学效果。

4. 信息反馈系统

教学质量信息反馈系统的主要功能是对信息进行收集、整理和传递，同时，该系统还能将信息反馈给实践教学管理部门和实践教学运行的责任者。

系统的信息来源主要有以下三个：①一些静态信息的获得，如实践教学运行的动态信息和成果的数量、质量等，主要来自组织对实践教学的全面评价；②学生在完成实践教学环节后所具有的能力和知识结构等信息的获得，主要是来自对实践教学环节的专项调研；③实践教学信息员、教师、学生所给出的实践教学意见和建议的获得，主要是来自定期与不定期的问卷调查或座谈会。在整理、分类、分析完实践教学的相关信息后，应该在第一时间将这些信息反馈给管理部门和有关责任者，从而让这些信息能够更好地帮助实施实践教学的决策，并帮助从事实践教学的教师进一步去提升教学质量。

二、实践教学质量监控体系的实施

（一）制定和实施实践教学各主要环节的质量标准

根据院校定位和人才培养目标，制定完善、合理、体现学校水平和地位的实践教学各主要环节的质量标准，并严格执行。

1. 完善实践教学环节各主要环节的质量标准

完善的质量标准是进行实践教学质量监控的前提之一。实践教学质量标准主要有以下几类。

（1）实验教学质量标准

其包括实验教学大纲，实验教学指导书，综合性、设计性实验认定办法，实验课程教学，实验室开放等环节的规范与质量标准。实验教学大纲是指导实验教学工作的纲领性文件，是实验课开设的基本依据，学校各教学单位必须根据教学计划、课程要求、教学改革的发展趋势和学科专业人才培养目标的要求制订实验教学大纲，各实验室的实验教学工作必须按照教学大纲进行。

实验教学大纲主要内容包括实验目的、实验项目的设置、实验内容和要求、实验类型、实验器材、实验方法和手段、实验课时、考核办法和评价标准等。实验教学指导书是实验教学大纲的具体化，是对实验内容的详细指导，包括实验目的、完成实验须知的基础理论、实验要求与条件、实验所需的仪器设备介绍（结构原理和使用方法等）、实验方法和步骤提示、实验数据处理方法、实验报告格式规范等。综合性、设计性实验认定办法是对综合性、设计性实验的具体要求和规定，是对综合性、设计性实验提出的认定标准。

（2）实习、实训教学质量标准

实习、实训是实践教学的重要环节，同样要制定相应的质量标准。首先，要制订实习、实训大纲，实习、实训大纲是实习、实训的重要依据，是从事实习、实训的师生均要遵循的纲领性文件，主要内容有实习、实训的目的、内容、组织形式、方法和途径、程序和实践安排、教学组织、教学纪律、教学成绩评定标准以及经费预算等；其次，要完善实习、实训执行计划，不同的专业、不同的年级实习、实训的目的不同，要求也不同，具体的实施计划也有所不同，因此，针对每一届学生都要拟订具体的实习、实训执行计划，以保证实习、实训的顺利进行。实习、实训计划的具体内容包括实习、实训的任务要求，实习、实训的单位、时间与地点，参加人数，学生分组名单，日程安排，指导教师名单，经费预算和考核方式等；再次，要制订实习、实训教师职责和学生守则，对教师和学生提出具体而明确的要求；最后，要拟订实习、实训成绩考核标准，对考核内容做出明确规定。一般而言，考核内容应包括三个方面：一是思想品德、实习态度、实习纪律，即实习表现；二是基本理论运用、基本技能、动手能力，即实践技能；三是实习报告质量。

（3）毕业设计（论文）质量标准

毕业设计（论文）是教学的重要环节之一。对毕业设计（论文）工作进行有效监控，首先，要制定毕业设计（论文）工作管理的规定，内容包括撰写毕业设计（论文）的目的和基本要求、毕业设计（论文）指导教师的条件和职责、撰写毕业设计（论文）的程序、毕业设计（论文）的答辩程序和成绩评定、毕业设计（论文）的奖惩、毕业设计（论文）的文档管理等；其次，要制定《毕业设计（论文）质量与教学管理评估实施办法》，设立若干指标体系，对毕业设计（论文）工作进行全方位的评估。

（4）学生实践能力的评价标准

教育评价的标准是教与学的指挥棒。要使学生从主观上重视实践教学过程，努力提高自己的实践能力，就必须从评价标准的改革入手。一方面，要改革考试制度，鼓励在考试中体现学生的创新能力、实践能力；另一方面，要根据学生实践能力的评价要素，完善对实践活动的评价机制，将目前通过考核单项实践活动来评价学生实践能力的评价方式，转变为对学生实践能力的综合评价。

学生实践能力的综合评价标准。一是要考查学生参与实践活动的程度，即主要从数量上考查学生参与实践活动的次数和时间。一般来说，参与程度高的学生的实践能力比参与程度低的学生强。二是要考查学生参与实践活动的类别。不同的实践活动侧重培养的能力有所不同，通过对学生参与活动类别的综合分析，可以大致预测学生不同方面实践能力的强弱。三是要考查学生通过参与实践活动取得的成果（主要是调研报告、实验报告、科技论文等实践活动结果）的质量，这是反映学生实践能力的最主要的依据。四是考查学生毕业以后的工作或学习表现。由于实践活动的效果不一定会立竿见影，那些在学校参与实践活动多的学生，往往在工作中或更高层次阶段的学习中表现出很强的实践能力。

2. 严格执行实践教学环节质量标准

有了完善的质量标准，还需要在实践教学过程中严格执行这些质量标准。为了确保实践教学各主要教学环节质量标准的严格执行，学校要做的是加强对规章制度的宣传和学习，使实践教学课教师了解和掌握质量标准。高职院校实践教学环节多。相应地，实践教学环节的质量标准也多，且很多质量标准都有一个制订和完善的过程。在这个过程中，学校教学管理部门要特别重视对实践教学各项管理规定、质量标准的宣传，组织实践课教师学习，使之人人皆知，为这些规定和标准在实践教学中贯彻实施奠定基础。当然，这些规定和标准在制订的过程中就应当使广大教师参与讨论、提供意见，这不仅使这些规定和标准更符合学校实际，同时征求意见的过程也是广大教师主动学习的过程。广大教师的意见被吸收到实践教学的各项管理规定和质量标准中，教师也会将外在的约束变成自觉的行动，从而减少规章制度和质量标准执行的阻力。

另外，还要通过一系列的措施和手段，将例行检查和专项检查相结合，有效监控各实践教学主要环节质量标准的执行情况。例如，现场检查实验教学，对学习工作进行全方位的检查评估，全程监控毕业论文（设计）工作，对发现的问题及时通报、及时处理等。同时采取领导听课、督导听课、专项检查等一系列方式，及时掌握教学运行情况，及时下达反馈信息和整改意见，进行有效调控。

（二）保证实践教学质量监控体系的有效运行

实践教学质量的监控是一个系统工程，既要构建完善的质量监控体系，又要采取有效措施保证监控效果。实践教学质量监控体系的有效实施，同样需要全校上下协同合作。

1. 发挥教学督导组和学生信息员在实践教学质量监控体系中的作用

扩大学校督学督导组的工作职责，实现教学督导组对学校整个教学工作全领域的督导覆盖。目前，大多数学校的教学督导主要是督导课堂教学，对实践教学督导工作，有的没有督导，有的没有做到常规化。对于培养应用型人才的高校而言，教学督导工作既要督导课堂教学，更要将督导实践教学放在重要位置。教学督导组要深入实验室、实习基地、实习工厂等实验、实习、实训场所对实践教学进行全程督导，发挥教学督导员在实践教学质量监控体系中的重要作用。同时，还要发挥学生信息员的作用。学生信息员由于直接参与实践教学，因而更能发挥对教学质量的实时监控作用。

2. 开展学生对实践教学的评价活动

目前，很多学校的学生评价都是在网上进行的，评教的对象主要是理论教学，学生评教的积极性不高，对学生评教的结果也没有很好的运用。这种状况应当改变，具体如下：①将学生评教由课堂理论教学拓展到实践教学，将实践教学的教师作为重要的评教对象，这将有利于对实践课教师的教学进行监督和考评，有利于调动实践课教师的积极性，提高实践教学质量；②制定实践课教学的评价指标体系，指标体系的制定要符合实践教学的特点和实际，不能简单套用理论课的评教标准；③要采取切实可行的措施提高学生对实践课教学评教的积极性，提高参评率，使学生明白自己的评教，对学校和教师改进教学方式、方法，并提高教学质量具有十分重要的意义；④还要科学、合理地使用学生对实践课教学的评价结果，这不仅是学校和教师改进实践教学的重要依据，而且也能调动和保护学生评教的积极性。

3. 建立实践教学的评估机制

在质量标准的基础上，建立科学的实践教学质量评价指标体系，对实践教学进行专项评价。实践教学质量评价体系是一个庞大而全面的体系，根据评价对象可分为三个层次：第一层次是以学校为对象的评价，即对学校的定位、实际教学条件、实际教学团队、实际教学管理团队和管理体系等进行宏观评价，评估学校整体实践教学的质量和水平；第二层次是以部门为对象的评价，评价的重点是该部门的实践教学的过程目标和阶段建设目标的实现程度；第三层次是对实践教学各个具体环节的教学质量评价，这是评价实践教学质量的基础工作和衡量实践教学质量的最重要依据。

实践教学环节是一个动态的系统，是一个完整的系统，由教师、学生和管理人员通过实践教学活动联系在一起。所以，评价应着重于动态过程的评价。从教学的基本规律出发，对实际教学过程的评价应基于相应的质量标准。它不仅要检查实践教学的规范性文件，而且要特别注意检查教师领导学生的过程是否规范以及学生的操作是否规范。由于实验、实习、实训形式的多样性，对实践教学的评估也应灵活多样。

4. 落实对实践教学的激励机制

评价是保障体系运行的核心和动力，要使得评价工作能持久、健康、有效地坚持下去，建立相应的激励机制、自我约束机制至关重要。通过制定激励政策，奖优罚劣，评价与被评价者的晋升、晋级、奖励挂钩，激发其参与评价的愿望，变被动为主动。对于在实践教学工作中教学态度认真、教学质量优秀的教师，要像对待理论课教师一样进行表彰奖励。同时，对学生评教得分低，教学态度不认真、不负责的教师取消其实践教学教师资格，对在实践教学过程中出现教学事故的教师，要严格按教学事故处理办法予以处理。此外，每次实践教学专项评估都应有认真详尽的评价意见，既要肯定成绩，又要严肃、实事求是地指出存在的问题，提出今后的努力方向，以增强被评价者主动提高实践教学质量的自觉性和积极性。

第四章　新商科实践教学的校企合作

随着中国经济的飞跃式发展，在新的经济形势下，高等教育需要不断改革与创新。如何改革、如何发展是迫切需要研究的方向。作为与市场发展紧密结合的新商科，高校新商科目前的发展并未完全跟上时代步伐。在明确新商科的目标后，校企合作是拉近高校学生与市场最快速的方式。本章分为校企合作概述、校企合作的模式与现状分析以及新商科的校企合作研究三部分，主要内容包括：校企合作的本质、校企合作的特征、校企合作的影响因素、校企合作的现状及问题等。

第一节　校企合作概述

一、校企合作的教育模式与双方目标

（一）校企合作的教育模式

校企合作教育模式是以社会需求为导向的运行机制。在校企合作的人才培养过程中，高校与企业共同参与制订培养方案。与传统教育模式不同，校企合作的教育模式从单一的学校教育转为学校与企业的共同教育，由封闭式的学校教育转为开放式的社会教育，由以理论教育为主的教育转为以实践教育为主的人才培养模式。

（二）校企合作的双方目标

校企合作是学校和企业两类不同社会组织的合作。学校属于非营利性组织，而企业属于营利性组织，双方在价值取向和行为规则等方面有很大差异。高校作为非营利性组织，以服务为宗旨，提供教育公共产品，追求社会效益；而企

业作为营利性组织，以营利为目的，提供商品和服务，追求利润。

在校企合作中，学校的目标主要是为学生提供更多的实习机会，建立实习实训基地，培养双师，推动专业课程改革等；企业的目标主要是获得技术支持，通过员工培训、稳定用工和技术研发等获得经济效益和社会声誉。校企合作是经济与教育合作的具体形式，其实质是学校根据企业需求，开展为企业服务的合作，体现了教育要适应经济发展的规律。

二、校企合作的特征

（一）职业性

校企合作以培养适合职位要求的人才为目标，包括工学结合、产学结合和“产、学、研”相结合等，具有较高的功利性。因此，生产与学习相结合的目的就是让学生在生产环境中学习知识，提高专业能力、实践能力和社会能力等，养成良好的职业素养，实现从学习生涯到职业生涯的过渡。这一过程体现了校企合作的职业性，符合企业对高素质人才的需求。

（二）教育性

校企合作的主要目的是培养高素质技能型人才。校企双方以培养人才为目标，以职业需求为导向，强化人才意识，转变教育理念，制定教学目标，优化课程设置，整合教育资源，共同参与培养人才的全过程。这不仅是校企合作的内在要求，也是其教育性的重要体现。

（三）互利性

社会互动的主要形式之一就是合作，合作是指个体或群体之间为了达成某一目标，彼此通过协调作用形成的合力。作为一种社会互动方式，校企双方在合作过程中具有共同的目标、相似的认识，开展协调互动，也就是具有目的的一致性和行为的大同性，即互利性。

值得注意的是，这里的目标实际上是一种利益，是单纯通过一方行为无法实现的利益，高校、企业、教师、学生、员工所有的利益都是通过互动合作来实现的，合作方不能只有利益没有行为，也不能只有行为没有利益。可以说，互利性是校企合作长久发展的基础。

（四）经济性

校企合作办学面向地方经济社会发展，以经济社会需求为动力，人才知识和技能结构符合社会发展需求，教学科研氛围体现教学改革思路，校企合作以融合性、紧密型基地建设为重点，打破传统基地的学生实操单一功能，着重建设多功能、多层次的实践基地。

（五）创新性

创新是探索校企合作办学发展之路成败的关键。因为，探索校企合作的人才培养模式，不仅是一个不断改革创新的过程，还是提高人才质量，实现可持续发展的必然需求。由于每所高校所处的区域以及面向的行业不同，校企合作的合作方式、合作内容也存在差异。在校企合作过程中，需要各方具有改革创新的精神，追求校企合作的有效途径，如果单纯照搬以往的做法，而没有结合各方的实际情况进行改革创新，就不能真正实现合作目标。

（六）多样性

校企合作是多层次、多角度的合作，其合作形式、合作内容等体现出多样化的特点。例如，高校与企业关于信息的合作、人力资源的合作、物质资源的合作、研发的合作等。政府、高校、企业、社会等以多方面发展的共同目标为基础；以人才、技术和效益为结合点，探索校企合作的有效形式；以发挥各方优势为条件，遵循市场经济规律，逐步形成优势互补的长效合作机制。

（七）文化性

在校企合作过程中，校园文化与企业文化相互交流、渗透和融合，能够丰富企业文化与校园文化的内容，提升企业文化的层次，营造校园文化的职业氛围，促进学校和企业更好地发展。

在校企合作过程中，企业参与高校管理。企业开放的文化和先进的理念，打破了高校传统的文化，尤其是企业完善的服务体系和良好的服务理念，有利于让高校形成服务育人的氛围，让全体教职工树立服务意识。校企合作的文化性，体现出校企合作的层次和水平。

三、校企合作的内容

（一）发展规划

①成立校企合作指导委员会。校企合作指导委员会主要由学校负责人、企业负责人、政府负责人和相关专家构成。校企合作指导委员会的工作内容主要包括：提出校企合作的目标、方式，建立信息交流反馈制度等。

②学校与企业建立伙伴关系。其主要内容包括：制定战略伙伴关系合作协议；建立日常联络制度；共同研究专业设置、教材建设、技能培训、教师队伍建设等，形成长效合作机制。

（二）专业建设

①成立专业建设委员会。由高校组建专业建设委员会，并聘请企业高管和技术人员以及行业专家参与。专业建设委员会的工作内容主要包括：提出专业建设计划、设计专业人才培养方案等。

②建立重点专业与新专业建设决策机制。高校与企业相关负责人与相关专业专家组成决策队伍，确定重点专业与新专业，并组织相关研究。

③建立专业建设协调机制。由企业相关负责人根据区域主要产业和新兴产业确定新专业的设置，高校积极参与，对企业确定的新专业组织做好申报、招生和教学实施等工作。

（三）课程建设

第一，高校与企业共同制订教学计划，根据人才培养目标、专业设置和企业的人才需求等来编制教学大纲。

第二，高校与企业共同确定课程体系，共同制订教学计划，共同编写教材，确定实习实践环节，并由专业建设委员会评审课程标准。

第三，企业主导课程开发，确定典型项目教学、工作任务案例等，高校实施教学和人才培养。

（四）师资建设

第一，高校与企业共同组建师资队伍。高校聘请企业管理人员和专业技术人员担任生产实操指导教师。高校还可以依托合作企业培训师资，派教师到企业实训，以提升教师的技能水平。

第二，企业专业技术人员对高校教师进行新技术、新设备、新工艺、新材料等内容的培训。高校邀请企业研发人才对教师进行“传、帮、带”。高校教师参与企业技术设备研发、更新等工作，或企业将技术研究课题委托给高校，以提高教师的技术研发能力和创新能力。

第三，高校教师对企业技术人员进行提升培训，或企业相关人员到高校进行脱产教学和科研，实现相互融通。

（五）实训教学

第一，高校建立校内实训基地，有条件的情况下还可以建立生产性实训基地，配备设施，根据教学计划组织实训教学。

第二，高校与企业共同建立实训基地或生产性实训基地，基地的相关设施由双方共同负责。

第三，产教结合实训，企业为高校提供相关技术、设备等，供学生进行实训，学生通过完成产品的部分工序达到实训目的。

第四，深度融合实训教学。其内容主要包括：企业建立实训基地或生产性实训基地，相关设置由企业负责；高校在企业或当地工业园内建立实训基地，实现人才培养与人才使用的无缝对接。

（六）教学管理

第一，改革学生的考核评价方法，完善知识和技能的考核评价体系。高校与企业通过笔试、面试和实操等方式对学生的专业知识和技能进行考核评价，让学生获得相应的职业资格证书。

第二，改革教学模式，调动学生的积极性，让学生积极参与到教学活动中，满足学生的求知和就业需求。

第三，改革教师教学质量评价的方式方法；企业积极参与教学过程和教学质量的全程监控。

（七）学生管理

第一，高校根据企业要求制定学生行为规范。高校聘请企业管理人员参与建立学生管理机制，根据企业用人标准制定相关规章制度，开展学生活动，进行学生管理工作研究。

第二，高校与企业共同制定学生考核与奖惩制度，并有效实施，以督促学生学习、调动学生的积极性。

（八）招生就业

第一，高校根据企业对人才的需求和自身的办学条件，制订招生培训就业计划，并组织实施。

第二，高校与企业共同制订招生培训就业计划，共同组织招生培训宣传、考试和选拔，共同确定录取名单。学生毕业后企业安排就业，高校做好毕业生就业后的跟踪服务工作。

（九）文化建设

第一，高校开设企业文化课程，并聘请企业管理人员授课。

第二，高校在企业建立德育实训基地，让学生零距离感受企业文化。

第三，高校还原企业的真实工作环境，按照企业岗位要求进行操作。

第四，高校将企业相关管理制度渗透到学生管理中，让学生感受到企业的约束，实现日常行为职业化。

四、校企合作的影响因素

（一）主体因素

1. 学校

（1）领导的办学理念与领导力

所谓领导力，是带领成员致力于组织长期发展、建立愿景目标、激发成员的积极性和热情、保证战略妥善实施的能力。其主要包含四个维度和十二项内容，即明道——价值取向：自我领导、共启愿景的能力；取势——趋势把握：思维规划、决策、判断的能力；优术——组织运营：创新、解决问题、实践调查、劝说的能力；树人——人才发展：对他人的理解、培养下级、调动下级积极性的能力。其中，思维规划和决策能力是最重要的两种能力。经归纳分析，高校领导的办学理念和领导力对校企合作主要影响有如下两方面。

第一，高校领导会对校企合作相关市场信息的捕捉和响应速度产生影响，特别是一些比较隐性的信息。高校办学理念的开放程度和先进程度会对高校与外部经济环境沟通的紧密度、频率产生直接影响。高校领导的领导力决定高校的市场经济意识，关系到高校对国家宏观经济发展、地方政府教育发展规划等的领悟程度。这些都会影响校企合作的走向。

第二，影响合作企业的信任度与积极性。高校领导特别是校长的办学理念、管理理念等，关乎高校的未来发展，决定高校的发展机遇，影响企业的合作意愿，影响高校的社会形象。

（2）师资队伍结构和水平

第一，高校的师资水平和结构会对校企合作的级别、层次产生影响，主要是教师的专业水平、教学能力、科研能力、创新能力，在行业中的任职经历、社会声望等。这些都会影响企业对合作的价值评估，决定着企业的合作意向。

如果企业认为高校的师资雄厚、结构层次较高，就会觉得高校的技术转化能力与科研能力水平较高，能够满足企业需求，为企业带来利益，企业的信任感和合作意愿就会比较高。反之，如果企业认为高校的师资力量薄弱，结构层次较低，科研能力较弱，就会产生不信任，质疑高校是否能满足自身需求，企业就不愿意选择这种高校进行合作。

第二，高校的师资水平和结构会对校企合作的执行效果产生影响，也会影响企业进一步合作的可能性。师资队伍质量决定教师的技术转化能力和科研能力，也决定人才培养的质量，这些都会对高校为企业提供服务的质量、科研成果的价值产生影响，进而影响校企合作项目的执行效果。企业十分看重高校教师的技术转化能力和科研能力，因为这直接影响企业能否实现合作利益，影响企业实现市场利润，进而影响企业进一步合作的意愿。

（3）专业结构和特色

第一，高校的专业结构和特色会影响企业资源的投入情况。具体来说，高校的专业结构和特色与当前经济发展趋势越契合，越能吸引企业投入；反之，高校的专业结构和特色与当前经济发展的契合度越低，越难争取与企业合作。因此，高校的专业设置符合行业发展需求，企业就愿意与高校合作。

第二，高校的专业结构和特色还决定地方政府的支持力度。地方政府都十分重视区域内的产业人才的培养，以推动区域经济发展和产业结构升级。如果高校的专业结构和特色与区域主导产业的吻合度比较高，地方政府就会给予高校足够的扶持，为校企合作牵线搭桥。

此外，为了发展地方经济，地方政府会出台一些政策优惠，对主导型的支柱产业进行重点扶持，相关产业内的行业会借助政策优惠实现快速发展，间接地为高校提供更多的合作资源保障。

2. 企业

（1）企业的价值观

首先，企业的经营理念是企业建立设想，结合自身优势和未来发展方向，通过对竞争者和消费者需求的反复确认，在不断追求企业绩效的过程中所遵循的基本准则。企业的经营理念决定企业的合作目的、合作内容等。

企业的经营理念决定企业追求长期利益还是短期利益。长期利益与短期利益的合作对象、合作方式和合作内容等存在差异。通常情况下，追求短期利益的企业对创新的需求较少，创新能力也较弱。但缺乏创新需求和创新能力的企业，其生命是短暂的，更不用说长远发展，也就难有校企合作需求，即使有需求，也只是寻求廉价劳动力，降低成本，这并不利于高校的长远发展。

如果企业追求的是长远利益，就必然会对欧洲管理大师弗雷德蒙德·马利克所总结的六个关键点有着深刻的理解认识。六个关键点为生产力、利润、市场地位、支付的流动性、吸引人才的能力、创新的表现。如果企业的价值观有这种高度，那么这个企业会是一个注重人才和技术创新的企业，企业有需求与高校开展人才合作、技术合作和创新合作等。

其次，企业单纯有需求是不够的，因为此时企业可以选择任何合作方，而不是必须与高校开展合作。这就要求企业需要有合作育人的理念和高度的社会责任意识，这种意识正是由企业的道德观决定的。大部分企业都是自负盈亏的私营企业，如果企业没有承担社会责任的道德意识，则很难支持教育事业的发展。

（2）企业的行业属性和规模

首先，企业的行业属性决定着其合作的意向和迫切度。相关研究表明，新兴的高精尖行业，选择与高校进行科学研究的意愿比较强烈。这主要是因为这些行业都是专业性极强的行业，需要专业性极强的人才和科研成果的支撑。而高校在该行业中由于具有较强的科学研究水平和实力，对当前最新的研究方法和成果都具有较准确的掌握与积累，经过多年的技术积累和成果产出，创新能力较强，能够较快地掌握企业的需求，开展企业的定向研究。

值得注意的是，高校有许多科研成果尚未开展技术转移和市场转化，如果企业与高校开展合作，就可以获得这些科研成果的使用权，利用自身的生产、加工以及销售优势将成果转化，获得经济效益。

其次，企业的规模会对校企合作的形式产生影响。规模较小的企业会选择加强在核心产业技术方面的实力，而规模较大的企业会选择加强在非核心产业技术方面的实力。这是因为规模较大的企业资金充足，为了保持产业技术方面的优势，必须扩大技术积累和数量，以保证其时刻具有较强的技术实力和主导力，因此有精力、有实力以及有意愿对一些未来可能发展成核心技术的产业领域进行技术研发。但是这些技术与企业的核心技术相差较远，在市场和时机未成熟的情况下，还不能投入太多，因此采用与高校团队合作是效果最好的方式，能够节约成本。对规模较小的企业来说，主要目标是占领市场份额，但受资金和人才的限制，缺乏时间和精力开展核心产业技术研究，这些研究虽然重要，但不是小规模企业最迫切的。

（二）环境因素

1. 内部环境因素

（1）经济效益因素

经济效益是高校与企业开展并保持合作最直接的动力，这是校企合作中活跃程度最高的因素。高校的目的是积累教育资本，企业的目的是追求利润最大化，双方开展合作的目的都在于获取高于单方面运作带来的效益。经济效益因素可以分为显性经济效益和隐性经济效益两种。显性经济效益主要包括现代化的生产环境、先进的生产设备和宽裕的现金流等；隐性经济效益主要包括知识产权、智力智囊、发明专利、分析报告等。

总体来说，校企合作构建的本质在于不断创新实现经济效益的路径，在确保速度的同时降低成本投入。经济效益一直存在于校企合作过程中，并诱导对方克服困难，进行合作。

（2）创新资源因素

创新资源因素主要是确保高校与企业持久顺利进行合作的相关因素，如技术、人才、信息、资金、设备等必备资源。在市场经济环境下，高校与企业所拥有的创新资源都非常有限，资源分配不均，甚至出现极端现象，还受到各种条件的限制，不能充分发挥创新的作用，造成单个主体在进行创新活动时由于缺乏特定的资源而进入停止状态。正是这种对特定资源的迫切需求推动了高校和企业寻求合作，校企双方都希望通过合作实现创新资源的优势互补。

高校在科研能力和技术方面的优势比较明显，但在资金方面的缺口较大；而企业在资源方面比较自由，在技术人才、科研成果等方面比较有限。高校与企业开展合作，让企业的资源注入高校，弥补高校科研资金缺口，促进高校科研创新；高校的人才和技术注入企业，填补了企业的人才和技术缺陷。高校积累的技术信息和企业获得的市场信息融合，实现了市场需求和合作创新的及时接轨，推动了科研成果的创新转化。总之，创新资源因素在校企合作中具有重要作用。

（3）主体战略因素

主体战略因素主要是从主观意识层面对校企合作机制产生促进作用，这区别于创新资源等客观层面的因素。主体战略主要从全局角度出发，考虑实现全局目标的规划，属于长期发展规划。对高校与企业来说，主体战略因素主要是高校与企业领导层就未来发展方向做出规划，确定后就会开展各项工作的基本准则。虽然高校与企业在运行方式、管理体制等方面存在差异，但其领导层对组织的作用是一样的。可以说，领导层在校企合作创新方面的总体战略规划会影响高校与企业的合作程度和频率。

对于关注主体合作战略的高校与企业来说，整个主体会在创新资源方面有比较大的投入，组织内部会形成有利于技术创新和创新资源发展的管理体制，为生产和研发创造良好的环境，为提高创新效率提供更有利的条件。如果高校与企业的领导层将校企合作的建设提升到发展的战略高度，在高校与企业的日常生产、生活和科研中，就会积极寻求符合自身发展需求的主体开展合作，确立合作关系，进一步提升自身的生产和创新能力。

（4）技术积累因素

技术积累因素是高校与企业在合作过程中利用所掌握的知识不断进行能力积累和技术更新的过程。从整体上来说，技术积累因素是一个动态的连续性过程。企业自身很难克服瓶颈，因此需要外部因素的支持。如果只依靠成熟个体的支持，所需成本较高，因此选择与创造合作机会就成为最佳选择。在校企合作过程中，高校与企业既能够利用好自身知识，吸收来自对方的技术知识，还能产生更新、更节约成本的技术知识，实现双方在技术积累方面的共赢。

2. 外部环境因素

（1）政治环境因素

我国是社会主义制度，不管是对高校还是企业来说，政府都具有很强的宏观调控能力。对高校来说，政治环境因素会影响高校的人才培养方向、培养规模和就业数量等；对企业来说，政治环境因素会影响企业的经济行为、投资行为、转型方向、发展趋势、监督管控等。

（2）市场经济环境因素

从经济学角度来说，校企合作是一个微型经济体，是市场经济条件下的一种特殊经济行为和产业发展模式。校企合作的产生、发展和创新都是在一定的经济环境下进行的，受到经济环境中各种因素的驱动、制约。校企合作的最终目的是获得效益，合作成果通常以产品或服务为最终载体。因此，校企合作建立的出发点应该是市场需求。校企合作的成果也由市场来检阅，只有得到市场的认可，才能最终实现合作的价值。不管是消费方的购买需求还是供给方的市场竞争需求，都是促进校企合作的重要因素，二者相互影响。

（3）社会文化环境因素

社会文化环境因素是影响市场和企业发展的诸多因素中最为复杂的一个变量，体现出了一个国家、一个地区的文明程度。社会环境主要包括社会结构、意识形态、价值观念、道德标准、传统文化、生活方式、文化教育等。其中受教育水平会对校企合作的层次、目的、模式、水平等产生直接影响。

（4）科学技术环境因素

科学技术环境因素是指随着生产力水平的不断提高，社会技术水平的发展变化趋势。科学技术环境因素是社会生产力最活跃的因素。就高校来说，高校承担培养人才的责任，是国家科学技术研发的重要输出地，高校对技术前沿的把握应该保持超前水平。科学技术环境会对高校的教学方式、硬件建设、科研方向、科研成果的认可度等产生直接影响，同时与其他社会环境相互作用，最终通过市场调控反过来影响高校的进一步发展。

科学技术还能对校企合作的方向产生诱导作用，对技术创新趋势产生预期，从而影响校企合作的战略选择。例如，技术进步能够让企业提高对市场和客户的控制能力与分析能力；技术进步推动生产方法的不断更新，进而让企业在不增加成本的情况下提高产品和服务的质量，增加竞争优势；技术更新会提高用户体验度，缩短产品的使用周期，产生更多的购买需求；新兴技术的出现能够增加其他行业对本行业产品和服务的需求，有利于扩大企业的经营范围和高校的合作范围。

五、校企合作的原则

（一）服务企业原则

校企合作的基础是为企业服务。企业服务的好坏直接决定校企合作质量的优劣。为了使校企合作更好地为企业服务，高校在开展校企合作的过程中，应该深入了解企业的技术要求和人才需求，根据企业需求为企业培养高素质技能型人才。高校应该服务企业，关心企业发展，与企业建立良好的合作关系。

（二）企业需要原则

企业对校企合作有需要才会与高校开展合作。因此，高校应该积极满足企业需要，以促进校企合作的成功。高校与企业应该根据企业岗位需要和用人要求，制订人才培养方案。高校应该派优秀教师进入企业培训。对于企业其他方面的需要，高校也应该尽力提供帮助。

（三）校企互利原则

高校与企业互利是开展校企合作的基础。如果没有互利，就不能深入合作。

通过开展校企合作，高校能够提高教学质量，提高师生的技能；企业能够提高员工素质，推动科技进步，提高经济效益。

（四）校企互动原则

校企合作需要高校和企业积极开展互动。高校应该定期派优秀教师为企业员工进行培训或进修，企业也应该定期派管理人员和专业技术人员到高校举办讲座、授课。通过校企互动，可以提高企业员工的理论知识，提高教师的实践能力，让理论与实践互补，实现理论与实践一体化。

（五）统一管理原则

校企合作是高校和企业双方的活动。在校企合作中，应该对高校与企业的责任和利益进行统一规划、统一管理、统一实施、统一检查。只有这样，才能实现理论知识与企业技术需要较好的结合。

第二节　校企合作的模式与现状分析

一、校企合作的模式

（一）以教育为主要目的的校企合作模式

以教育为主要目的的校企合作模式主要以培养应用型人才为目的，具体包括以下几种模式。

①高校邀请企业参加专业委员会，共同制订专业教学计划、教学内容等。

②高校聘请企业管理人员和专业技术人员担任兼职教师，帮助高校建立“双师型”教师队伍，提高师资力量。

③高校与企业合作建立实验室和实训中心，如上海工程技术大学与国内外企业合作，合作建立了多个高水平实验室和研究中心。

④企业为高校提供实习、实训场所。

（二）以科研为主要目的的校企合作模式

以科研为主要目的的校企合作模式主要是高校、企业和政府等就某一科研项目而开展的合作。例如，江西省赣南师范学院与企业和政府相关部门合作的脐橙工程研究中心，围绕以脐橙为主的果业产业发展关键技术进行研究、集成、示范、推广，在土壤与肥料、育种与栽培、病虫害防治、营养与生理、储藏与加工等方面开展科学研究。高校、企业和政府在高校的化学与生命科学学院合作建立了营养与生理实验室、土壤与肥料实验室等，提高了高校的科研实力。

（三）在企业进行的生产性实训模式

在企业进行生产性实训主要以职业教育为基础。例如，德国应用科技大学十分重视基于工作的教育，在大学四年的 8 个学期中安排 2 个完整的学期让学生进行实习。第一个实习学期让学生通过实习，掌握专业理论知识与技能，了解企业的生产和管理流程，第二个实习学期让学生承担接近工程师要求的任务，提高学生的实际工作能力，在实习中会有管理人员和专业技术人员进行指导，帮助学生完成实习任务。

在实训期间，学生不仅是学习也是工作。学生接受企业管理人员和专业技术人员的指导，作为教学过程的延续，提升自己的专业知识和技能。在实习结束后，学生应该完成实习报告，同时企业出具实习证明，由导师给定成绩。企业应该为学生的实习工作提供报酬。

（四）教学、科研与服务的结合

1. 走出去

教学、科研与服务相结合的第一种模式的教师走出去，即高校教师和研究人员到企业脱产挂职或利用业余时间在企业兼职，让教师接触实际生产工作，为企业提供咨询服务，对企业员工进行专业知识培训，教师从企业内提高专业技能。通过咨询活动，教师将在企业中获得的实践应用带回课堂，丰富课堂教学，实现教学与实践相结合，同时为学术研究提供新的需求和新的问题。

2. 引进来

教学、科研与服务相结合的第二种模式是企业引进来，即高校根据企业需求安排学生到企业中完成毕业设计（论文）。一些学生在毕业时不必撰写毕业论文，而需要完成毕业设计。毕业设计应该解决实际的生产问题，因此通常由合作企业根据实际生产问题提出。毕业设计的成果既要学生设计出图纸、样品，还要学生亲自参与生产的全过程，确保设计成果的可操作性，实现设计工艺的一致性，提高学生的实践能力，以利于学生成为应用型工程师。一般情况下，学生的设计成果应该能被企业应用。这是教学、科研与服务的完美结合，不仅让学生获得了知识和技能，还形成了应用型设计成果，实现了设计成果的转化。

二、校企合作的现状及问题

（一）学校方面

1. 教育理念问题

我国高等教育受传统儒家文化影响较深，学而优则仕、文凭论、学历论、证书论等观念非常流行，导致人才市场的评价标准单一。企业面对我国教育事业培养出的人才，只能以学历来进行人才选择，非理性的人才选拔标准影响企业与所需人才的匹配度。长久以来，高校与企业、市场的互动较少，较难及时调整方向来应对企业需求。因此，校企合作动力不足。

2. 办学经费问题

教育事业是一项规模大、周期长、见效慢、对经济和社会贡献比较隐性的事业。因此，容易产生教育投入与收益较难统计的情况。但是校企合作对经费要求较高，特别是涉及双方利益的深度合作和具体合作内容，需要大量的资金投入,这些投入需要校企共同承担,但是高校的经费相对有限,一般为专款专用,虽然可以申请，但是批复周期较长，而合作内容又具有时效性，使得很多企业不愿意等待，造成校企合作难以进行下去。

3. 办学自主性问题

校企合作具有灵活性、时效性和随机性。因此，校企合作的模式要求高校具有一定的办学自主性去应对市场变化。但从现实情况来看，我国大部分高校对市场的适应能力较弱，与企业的协同程度较低。对企业来说，高校缺乏实际经济效益的吸引力,减少了高校的合作机会。为此,高校应该转变传统办学模式,提高办学自主性，以推动校企合作的顺利开展。

（二）企业方面

1. 合作积极性问题

在校企合作中，企业最大的问题就是缺乏合作的积极性。这是国内外校企合作中普遍存在的问题。相关调查显示，在校企合作的各个主体中，调动企业的积极性是难度最大的。在我国，企业参与校企合作的积极性较低表现得比较突出，呈现“高校热，企业冷”的局面，难以深入开展校企合作。

我国正处于经济转型时期，企业的管理体制和生产经营方式也会随之发生变化，朝着高标准、高质量的方向发展。在过渡时期，企业对高素质的劳动力需求量较大。传统粗放型经济模式下的劳动力就会过剩，如果依然占据许多岗位，就业岗位就会出现短缺，加之就业市场秩序的形成还需要一段时间，这必然会阻碍以就业为导向的校企合作的开展。

2. 企业导向性问题

一些企业对校企合作的指导思想认识不够深入，合作导向性不足。对于这一问题，企业负有直接责任，高校负有间接责任。很多高校对校企合作的观念还停留在“纸上谈兵”的阶段，对企业的实际应用关注程度较低，如所培养的学生应用能力较差、创新能力不足等，导致企业较难接受。

（三）合作过程

1. 合作层次性问题

（1）高校方面

①一些高校对培养适应社会需求的专门人才的理解还停留在领导决策和学校的红头文件上，并没有真正落实到实际，从而影响校企合作的深入开展。从市场的发展规划来看，高校与企业没有开展深入合作，反过来会影响高校的办学事业，较难实现高校的办学目标。

②一些高校对校企合作的认识不足，认为校企合作的意义不大，不是高校该做的事情，对校企合作不重视。

③一些高校的合作能力、资源等十分有限，难以真正理解企业需求，提出的解决方案达不到企业的需求层次。

（2）企业方面

①一些企业认为自身具备生产经营和扩大再生产的能力，能够实现预期的经济效益，认为培养人才与企业自身无关，不必进行投入。

②一些企业缺乏对技术创新、人才培养和资源共享等方面的意识，导致企业扩张乏力，不能形成规模经济效应。

2. 合作质量问题

合作过程中政府调控和监督不当，造成校企合作质量难以保证的问题。我国关于校企合作的调控还缺乏完善的法律法规制度，监督性法律法规处于真空状态，校企合作的许多方面也缺乏配套的政策措施，对校企合作的指导仍停留在自发和应付层次，导致校企合作质量难以保证。

3. 合作机制问题

高校与企业由于内部差异较大，容易造成合作运行机制不健全的问题。高校与企业属于不同属性的社会组织，企业的经营机制与高校的办学机制，企业文化与校园文化等都存在着本质上的差异，距离真正实现共通还需要很长一段时间。因此，应该建立必要的合作机制，以实现校企合作的深入开展。但从现实情况来看，校企合作未能开展深入合作，也很少从整体进行考虑和统筹安排，造成高校与企业之间的资源难以有机结合，形成完善的系统，影响校企合作目标的实现。

第三节　新商科的校企合作研究

一、新商科发展校企合作的意义

近些年来，政府与各级教育机构都在号召开展校企合作的人才培养模式，让高校与企业实现优势互补，互利互惠，培养出更多适应经济发展和企业需求的人才。各高校在商科教育中也积极采用了校企合作的人才培养模式。对新商科发展来说，开展校企合作是共赢。

从学生角度来看，学生能够在在校期间参与企业实践，与企业零距离接触，学习到理论课堂中不能学到的知识，不仅有利于提高学生的实践能力和创新能力，还能让学生了解企业文化、工作内容和工作要求，明确自己与岗位标准之间的差异，以利于提高学生的职业能力。

从企业角度来看，校企合作能够帮助企业发现人才、储备人才。参与校企合作，具有实践经验的学生更符合企业需求。

从高校角度来看，通过校企合作，能够培养适应社会需求的学生，有利于提高毕业生的就业率，提高高校服务实体经济的能力。

二、新商科的校企合作问题

（一）商科教育校企合作的法律法规不健全

虽然国家已陆续出台了一些政策对校企合作给予支持，但是缺乏相应的法律法规保障。在校企合作过程中，各方的责任和权利没有明确规定，难以实现对利益的有效保障。校企合作的相关协议、审批和监控等方面也缺乏制度保障。

（二）商科教育校企合作中学校较为主动而企业相对被动

新商科实践教学的校企合作过程中存在企业不积极的问题。许多企业认为，它们并不能从校企合作项目中获得直接的经济利益，还需要投入很多资金。如果学生毕业后没有选择自己的企业工作，企业的付出就没有回报。高校在校企合作中比较主动，积极寻求与企业的合作。如今社会竞争压力较大，毕业生的就业压力大，许多高校认识到为了让学生毕业后更好地适应社会，提高就业率，应该重视实践方面的教学，而校企合作有利于提高实践教学质量。

（三）部分商科专业校企合作缺乏对合作企业的筛选机制

一些商科专业在校企合作过程中，只注重数量，不注重质量。如果单纯追求合作企业的数量，则会出现合作企业质量水平良莠不齐的情况。一些企业并没有根据学生的专业性质为学生安排岗位，而是将学生当作廉价劳动力。学生在实习过程中只是进行重复劳动，没有提高核心专业能力，实践能力不能真正提高，这与校企合作培养学生实践能力的目的背道而驰。

（四）商科教育校企合作师资力量保障不足

新商科校企合作人才培养对教师水平要求较高，许多课程都涉及实践，包括许多企业运营管理等方面的内容。这就需要教师需要对企业的运营知识和岗位要求有一定的了解。虽然大部分商科专业教师都具有丰富的理论知识，但没有在企业中任职的经历，没有真正到商业环境中锻炼过，实践能力较低，很难保证实践课程的教学质量。高校虽然聘请了部分企业管理人员和专业技术人员兼职教师，但数量远远不足，不能承担大量的实践课程授课。

（五）许多商科院校校企合作缺乏系统的人才合作培养方案

部分学校商科教育中所谓的校企合作并没有改革传统教学模式，虽然重新设定了人才培养目标，更加注重对学生实践能力的培养，但是在培养计划、培养体系和课程设置等方面没有进行相应的改革，仍然照搬原有的教学材料。教师在为学生讲授实践课程时，由于缺乏相应的教学配套体系，难以实现高质量的实践教学，导致实践教学不能很好地与理论课程相融合。

三、新商科的校企合作建议

（一）政府出台相关法规

我国可以借鉴英国、德国等国家在校企合作方面的先进经验，从政策上完善校企合作的制度性规范，明确校企合作中各方的权利和义务关系。政府应该对参与校企合作的企业进行资质规定，只有具有相应资质的企业才能参与校企合作。同时，政府应该出台相应的法律法规，在校企合作的协议、审批、执行、监控等方面提供制度保障。政府还应充分发挥自身职能，制定一系列激励措施，提高高校与企业参与校企合作的积极性，可以由政府主导，搭建校企合作平台，强化政府在指导、管理、服务、监督等方面的职责，将校企合作纳入地方社会发展规划和产业发展规划，将相关工作纳入政府目标管理。

（二）加强教师队伍建设

加强教师队伍建设，注重提高教师的实践能力，打造“双师型”队伍。利用教师的待岗培训期和休课学期，有目的、有计划地组织教师参与实践，让教师在实践中提高专业能力。鼓励教师获取各类职业资格证书、金融行业相关的技术职称等，让教师成为理论水平与实践能力并重的教师。

（三）增加学生实践时间

学生在系统地学习理论知识后，应该进入企业，感受企业文化，体会企业工作压力和责任感。在教师和企业相关人员的指导下，充分利用高校和企业在教育、人员和设备等方面的优势，将“填鸭式”的教学模式转变为任务驱动式，直接获取实践经验，培养学生的实践能力和创新能力。高校应该增加学生的教学实践，可以利用每年的寒暑假，通过实践基地平台等，为学生提供更多的实践机会，学生还可以根据自己的实际情况选择合适的实习岗位。

（四）拓宽校企合作

大多数校企合作停留在实习基地建设、聘用企业兼职教师等浅层上，要从根本上实现人才的校企双元培养，必须实现深度合作。例如，校企共同编写教材、专业课程的合作授课、对人才的分层培养、企业真实项目的介入等，只有校企实现深度融合，才能达到培养创新型、技能型人才的目标。

（五）营造科研氛围

高校的科研氛围会对高校的科研能力和水平产生直接影响。校企合作是高校开展科学研究、科技创新的有效路径。如何引导师生在校企合作中积极发现问题，提高科技创新能力，为社会服务，营造良好的科研氛围是十分重要的。为此，需要建立并完善校企合作运行机制，制定鼓励科技创新的政策，引导师生参与科研，鼓励横向科研，扩大横向科研的奖励范围。

第五章　新商科双创教育

商科高校面临着难得的发展机遇，同时也将迎来最为严峻的挑战，创新创业教育为新商科高校提供了重要突破口。新商科高校必须发挥自身优势，另辟蹊径，摆脱传统模式，准确定位办学理念、培养目标，凝练办学特色，为地方经济社会发展服务，走出一条适应新时代潮流的创新发展之路。本章主要分为：双创教育现状分析、双创教育与新商科实践教学的关系、新商科双创教育的教育实践与创新，以及新商科双创教育的利益关系与分配四部分。其内容主要包括：双创教育背景及存在的问题、双创教育与新商科实践教学关系概述、新商科双创教育实践的推进，以及新商科双创教育关联方的利益共生等内容。

第一节　双创教育现状分析

一、双创教育背景及存在的问题

（一）双创教育背景

随着我国经济的转型，即由传统经济、知识经济，转型至智慧经济，我国的创业也在随之不断进行着转型和完善。我国经历的创业热潮有两次：第一次是在改革开放初期，主要是在少数“个体户”中发生；第二次是在20世纪90年代末，发生于互联网领域，出现了形式多样的“网络精英”式的创业热潮。在现在，又迎来了一次新的热潮，正所谓“大众创业、万众创新”。

这里所述的“大众创业、万众创新”，首先，鼓励所有人积极展开创业和创新，并在政策方面，给予创业创新者以一种前所未有的支持，丰富社会就业岗位，从而使社会就业压力得到极大的缓解。其次，“大众创业、万众创新”的出现和发展，还给当前的经济发展，注入了新的活力，改变了过去的牺牲环境和能源来换取经济发展的传统方式中存在的诸多问题，如既缺乏合理规划，又较为缺乏综合竞争力；在经济发展转型的过程中，企业面对新的发展趋势，既缺乏活力，又缺乏朝气的困境得到了改善，促使我国的经济发展获得一种质的提升。

总而言之，就国家的综合国力而言，判断一个国家综合国力如何的重要标准就是创新能力，“大众创业、万众创新”热潮的出现，可以提高我国的综合国力。

2010 年，教育部发布的《关于大力推进高等学校创新创业教育和大学生自主创业工作的意见》明确指出，高校要加强对全体学生的创新创业教育，把创新创业教育融入人才培养的全过程，这是有关我国教育的官方文件首次提及“创新创业教育”的概念。

2015 年，国务院办公厅下发了《关于深化高等学校创新创业教育改革的实施意见》（国办发〔2015〕36 号），该文件指出，高校创新创业教育不仅是高等教育大众化阶段提高人才培养质量、创新就业渠道的重要举措，同时也是国家创新驱动发展层面的战略问题。因此，高校创新创业教育问题成为全社会聚焦的热点问题，得到了越来越多的专家学者的关注和研究。

（二）双创教育存在的问题

1. 政策支持不够

首先，从社会层面来讲，缺乏配套的创业支持体系。其次，就国家对创新创业教育理念的重视程度而言，依然还不够。再次，关于创新创业教育工作的开展，在政府的支持方面，执行还较为欠缺。最后，国家提倡在高校开办创新创业课程，只有一小部分高校开展了相关教学，但是因为随后由于不仅缺乏政府系统的支持，还较为缺乏政府系统的监管。在我国，尽管不断加强在创新创业方面上的扶持力度，但是，由于当前在人才培养的体系中，不仅没有重视创新创业能力的培养，甚至没有将创新创业能力有意识地纳入创新创业课程之中。

2. 师资严重不足

虽然在我国创新创业教育在部分高校已开展多年，但是，在众多历史原因影响下，比较广泛地开展创新创业教育，还属于刚起步的阶段，也因此不管是教师还是相关管理者，他们都还处于只是简单地看了几本书或是参加了关于创新创业教育的相关培训的较为缺乏认识和了解的状态，更别说是对创新创业教育的深入研究了，甚至有的教师直接在没有相关创新创业指导知识储备的情况下，就直接开展了教学工作。可想而知，在这种状况下，创业实践的展开将会是多么艰难。总的来说，在现在的教育领域，不仅是学习过相关创新创业教育的人员过少，从事创新创业研究的人也较为缺乏，更多的是兼职导师，在师资配置、师资培养上非常欠缺，导致了创新创业教育的师资严重不足，积极性也很难被调动起来。

3. 教育理念缺失

我国高等教育中的创新创业教育，倾向于重理论、轻实践。学生的创新能力和创新意识严重不足。高校一直以来都重视培养综合化、通识化的人才，但是，结合当前经济发展的具体情况以及社会的人才需求情况可知，高校应致力于具备创新能力、实践能力，以及综合素质人才的培养。在我国的高等教育领域中，普遍存在着的一个问题是，注重专业教育，忽视了对学生实践创新素质的培养，这就导致高校学生由于创新创业教育的缺乏，在学生的头脑中，创新创业的相关理念匮乏。这种教育的不到位，使得我国的创新创业教育理念发展始终不尽如人意。

4. 培养与社会脱节

就我国的创新创业教育对象范围而言，还存在着过于狭小的问题，即教育面对的学生面还不够广泛的问题，而要想促进创新创业教育工作的发展，就要在基础教育阶段，就注重学生创新创业理念及相关能力的培养。在创新创业教育中，要想更好地培养学生的创新创业能力，不能仅仅是围绕着学生的某个方面，而是要展开多方面、多产业的课程，从而实现促进大学生创新创业成功的目的。

当前高校中创新创业教育现状，可以用应付了事来形容。尽管政府下达了高校要重视创新创业的相关政策，但是高校方面，一直以来都将其束之高阁，并没有切切实实地将这一理念贯彻于教育管理工作之中，也就导致高校方面始终存在着创新创业教育与人才培养体系相分离、相脱节的现象。

5. 培养体系不完善

目前，在开设创新创业教育课程的高校，创新创业课程大多处于学科边缘化的状态。从教师的角度来看，不仅不能顺利地将相关创新创业理念传输给学生，也不能将创新创业的知识全面地教授给学生。而从学生的角度出发，学生在进行创新创业教育的过程中，也不能领会这一教育的概念和具有的意义。高校中学生所接受到的创新创业教育理念并不是完全的，这是因为创新创业教育的课程体系不仅构建得还不够完善，并且也没有充分融入整个人才培养体系之中。

综上，不完善的创新创业培养体系，将会导致高校的创新创业教育，不管是理念的发展，还是教学实践中的应用，都流于表面，没有支持创新创业实质的东西。并且对于创新创业教育来说，由于这门课程还仅停留在校园实践的环节，局限于理论性、模拟性之上，这也就导致不管是教师对创新创业教育的讲授，还是学生对创新创业知识的理解，都没有取得良好的效果。

二、双创教育的发展策略

（一）持续改进及提高效率

1. 学生大胆尝试

创新创业就像是理工科学生接触的实验室实践，只有了解了它的反应原理，准备了实践材料，经过一次甚至无数次的实践，最终才能成功。高校在开展创新创业教育时，应注意以下几方面的内容。

首先，高校方面除了要重视大学生创新创业精神的培养之外，还要注重创新创业意识的培养。关于创新创业教育的第一步就是对大学生的创新创业意识进行培养，积极鼓励学生去尝试，不要害怕失败，可以说，这一内容也是高校展开创新创业教育的关键环节。

其次，重视高校学生开拓创新的精神的培养。例如，重视对高校学生进行创新创业相关的认知、决心、理念，以及兴趣和意愿的培养，从而激发出学生的创新创业意识。

再次，高校方面要调动学生学习创新创业的知识的自主意识，鼓励学生勇于创业创新。高校要积极开展创新创业教学实践活动，可以是让创新创业成功的学生举办讲座，如举办创新创业的沙龙活动，也可以是举办创新创业的论坛等。

最后，高校方面可以通过素质教育活动的开展，来培养和锻炼学生的创新创业能力。学生积极参与到这些创业实践训练项目之中，不仅有助于他们组织能力的提高，还有助于他们应变能力的提升。

2. 政策体系充分保障

当前，国家在大的层面上提出“大众创业、万众创新”的战略部署，社会各界应该积极响应，主动承担教育责任，提供政策和条件来承接这项任务，积极与高校合作，共同协力落实，为培养学生的创新创业素养提供支持和保障。由于长期缺乏社会实践经验等因素，大学生创新创业教育比一般社会人员创业更加需要政府政策、社会行业的大力扶持。这就迫切需要政府、社会和行业搭建组合平台，以不同方式给予足够的帮助和支持。例如，从大学生创新创业培养开始，建立起从创业启发、创业扶植、创业贷款，到创业咨询与评估等一系列的创业培养成就体系。

在校大学生可以休学创业，甚至可以进行创业成功者与实践学分的转换，对大学生创办企业在注册、办公空间、税收方面给予优惠或减免，并给予投资基金支持等。创新创业型企业对当前我国经济的推动存在着至关重要的作用。加大培养创新创业型人才的力度，加速建立长远有效激励政策，为创业创新型企业、创业创新人员提供必要的保障和支持，也是我国经济健康发展的重要保障。

3. 校企合作协同培养

当前，高等教育对大学生创新创业教育课程的开展方式急需进行变革。针对各类高校大学生的创新创业教育开展的效果并不理想，根本满足不了人才培养和社会行业的需要；其原因比较复杂，但是根本原因就是高校只是一厢情愿地培养，缺少企业、行业、政府相关部门的参与；这种单一的培养方式，必将产生人才培养不到位、培养质量与社会行业需求严重脱节等问题。高校在开展学生创新创业教育的过程中，除了应当注意校园氛围的建设，还要大力加强与社会力量的合作。

对于一个人的成长而言，环境所能起到的影响作用是不言而喻的，不管是对学生思想观念的形成，还是对学生就某事物的看法，都有着潜移默化的作用，同时，还可以不断开拓大学生的视野。高校方面若是要想获得大学生创新创业能力提高的成果，还有赖于一个能够促进学生成长发展的环境的创造。

（二）发挥优势及利用环境

1. 社会环境的机遇

从国家战略层面提出“大众创业、万众创新”的目的是推动当前经济良性可持续的发展。各级政府为鼓励支持大学生自主创新创业，相继出台了一系列激励大学生自主创业的政策，国务院办公厅、教育部、财政部、国家发展和改革委员会、团中央等都针对大学生自主创业出台了相关的政策和措施，给高校学生创新创业，带来了在法律与政策两个方面上的有力保障。大学生在进行创业时，常会由于资金问题而退缩，为此，政府和社会成立了许多专项创业基金，同时，在国家政策方面，为支持高校学生，一方面发布了各类优惠贷款政策；

另一方面为高校学生提供了企业指导和技术基础。作为一名高校学生，要充分认清当前形势，以当前大好的社会环境为依托，不断增强自身，充分利用各个社会、各个方面提供的资源和支持，做到学以致用，大展宏图。

2. 小型投资的兴起

随着新一代创业企业的相继诞生，如风投、众筹等，意味着我们对企业的定义，在经历了传统企业运作模式后，传统工业化、机械化企业早已发生了改变。随着信息化产业的飞速发展以及新经济时代的到来，不管是人们对企业概念的认识，还是企业的创建，都发生着一种历史性的改变。

随着经济的发展，以及融资渠道的不断增加，创新创业已不再是遥不可及的一种存在，而是只要满足创意足够优秀，相关执行规划是切实可行的，以及再具备以发起人、跟投人、平台为代表的支撑，就意味着有了通往创新和创业的钥匙。新时期背景下的创业模式，已发展得越来越成熟，并且每种模式都普遍具有低门槛、多样性、注重创意，以及依靠大众力量等特点。通常情况下，这些创业模式得以施行的重要条件便是，现代信息网络平台具备的联结作用，构建了赞助者与提案者之间合作的桥梁，它能实现过去许多无法企及的内容，实现更多创业、创意。

3. 创业门槛的降低

随着经济结构调整的深入，创新创业为人们带来了更多的创业机会。而大学生这一群体，不仅有着较为完整的知识结构和较为开拓的视野，还有着较强的创新力优势，是有力推动经济社会发展的重要力量。

随着信息网络技术的不断更新与深化，知识经济的发展已经获得了较为广泛的认可。资源的获取变得更为便捷和开放，产品的诞生和市场的进入也变得更为简单，这些内容都有力地促进了创新创业的发展。为使学生能在这一时代发展的大潮中做出贡献，要加强学生的创新创业教育，在对学生的创新创业意识进行强化的同时，鼓励他们积极展开创业实践。

4. 网络客户端的涌现

当前，互联网技术的飞速发展，使人们的传统生活和工作，相较于 21 世纪以前，已经发生了翻天覆地的改变，人们可以通过网络客户端，随时随地通过账号登录等一系列操作来获得到想要的信息和资源，可见，网络客户端必然会成为众多现代企业发展的一项核心任务，被众多企业争相抢占。

在“大众创业、万众创新”的创业热潮中，希望最先抢占到网络客户端这一人们所追捧的商机的是新兴信息科技企业。成千上万的新兴创业者和企业，将会在相对公平和透明的环境中展开竞争。可以说，当前微型企业的创业，就集中表现为网络客户端，同时为创新创业的发展提供一个良好的契机。

（三）完善管理及评价体系

1. 教育质量监控的建设

高校方面受到多方面因素的影响，不断加大对创新创业教育的重视，因此，在教学实践中，创新创业教育所具有的地位也就越来越强化，由此引申出了一个摆在高校前面的紧迫任务，那就是完善创新创业教育体系，建立一个与之相适应的机制，包括管理机制以及质量监控机制。就传统的教学管理、管理流程，以及质量监控制度而言，以这些内容为主体而展开的教学，普遍存在着笼统且单一的问题。尽管这些问题随着创新创业教育的不断发展，已得到了一定程度的完善和改进，但是相较于现代化信息经济等条件下应具备的教学水平而言，还是比较落后的，同时，也不能使得当前教学教育效果得到切实的反映。对于教学水平和教育效率的提高而言，必不可少地除了有创新创业教学的质量监控体系构建之外，还有赖于创新创业教学的评价体系的建立。在进行创新创业教学质量管理体系的构建过程中，ISO 质量管理原则与模式为其提供了良好的可用于借鉴的经验。

2. 教育评价体系的完善

创新创业教育评价指标体系是一个复杂的系统，涉及教育管理、教育设计，以及教育培养效果与实效等诸多环节的评价。对于国家创新人才培养大计而言，创新创业教育的实施有着极为重要的意义。创新创业教育对高校提出了要求，即要对教育培养方式进行改革，同时还要对国家和企业、行业提出要求，那就是积极承担责任与义务，这就意味着在对创新创业教育进行的评价上，面对的评价对象并不只有创新创业教育效果这一项。关于创新创业教育评价体系，一方面是使人才培养质量得以保证的重要环节；另一方面是支持教育质量监控的主要依据。

随着高校对创新创业教育重视程度的不断加深，创新创业教育管理当前正面临的挑战主要有：其一，对教学管理和教学设计进行规范；其二，不断提高人才培养质量；其三，加深教育改革程度；其四，教育质量评价工程的不断落实。其五，不断对创新创业教学评价指标体系进行完善。

总而言之，就当前我国正处于初级建设阶段的创新创业教育而言，在未来还有着很长一段的发展距离。作为一项伟大的人才培养，以及具有重要意义的教育创新工程，高校方面要不断更新与完善教育观念，对冗杂的陈规进行果断的割离，直面当前社会环境与机遇，不断突破难点，拓展新路，打开下一阶段创新创业教育的大门。

第二节　双创教育与新商科实践教学的关系及中间媒介

一、双创教育与新商科实践教学的关系

法国哲学家迪尔凯姆曾提出“任何事物都必须在一定的‘场’中才能存在和表现出来”，那么创业和创业教育作为一种社会现象，必然也会受到“外部场”的影响。创业现象是一种空间事件，具有空间属性，各个部分相互依存，各种变化与外部“场作用”存在直接或间接的关系。双创教育会受到周围环境的深刻影响，是一个非孤立的存在。例如，大量的企业界人士围绕在财经类院校的周围，同时，经常以学校为中心发生集聚现象并产生互动，这样能够加速信息的传播，提高潜在的有价值的信息在流动过程中被发现的可能性。在创业者走进高校与师生互动的过程中，创业者对知识和技术的需求不断被高校教师获取，高校师生溢出的创意不断被创业者吸收、借鉴，这不仅是单纯的以公益为目的的分享，还是对双方拥有的巨大潜在价值的挖掘。

财经类院校的双创教育有自己特有的教育场，其拥有的经管类专业和学科群，决定了其师资、校友、在校学生家长群体及与合作单位等所处的相关行业、企业中的可利用资源众多。按照场论的观点，孤立存在的实体是不存在的，它们总是在相互作用中成就自己。财经类院校的校园文化与企业文化存在众多关联性，这种关联性使财经类院校与地区产业群的结合形式和频度有别于其他理工科院校。一旦财经类院校能够深度对接专业和行业相关的产业群，这些产业群的知识溢出就会与校内创业教育形成良性互动，诱导校内师生的教学活动向更加贴近现实需要的方向发展。这些输入型的创业教育元素，对激活校内的创业教育基层活力具有非常积极的意义，因为这些元素会使高校内部基层师生感受到自我探索具有强烈的社会现实意义。同时，财经类院校所具有的专业和学科优势对外部产业也具有积极的影响，当这种影响力与具体的新技术或新商业模式结合时，衍生新的创业机会将会变得更加容易，高校与外部经济之间的“共生、互养”关系也能够得到持续优化。高校双创教育在我国已经走过多年的发

展历程，政府和高校对大学生创新创业教育重视程度不断提高。但我们同时看到，创业教育的发展绝不是单线的推进，需要更为宏观的视野，即从社会网络的角度审视大学生创业教育存在的问题，探寻双创教育与新商科人才培养的融通逻辑。

创新创业能力是高校培养应用型商科人才的重要能力，而新商科人才培养模式的具体操作又对双创教育具有重要的推进作用。商科的学科称谓是商学，商学具有复合学科的特点，是研究探索交换（或交易）活动规律性和商业运行机理的学问。商学是经济学理论，是与商务实际相结合产生的，经济学是商学的母体，商学是经济学的延伸与发展。新商科强调的是一种灵活的处置理念，即不要将商学局限于商务实际活动领域或管理领域，而是要将其放在经济学领域中看待该学科的发展。

双创教育和新商科人才培养模式具有目的上的关联性。双创教育意图培养的是具有开放思维、国际化视野、敏锐商业嗅觉和创新精神的创业者，这是新商科人才培养模式的一种人才导向。这在客观上为新商科人才培养模式进行了精准化的探索，提供了更为专业的视角。同时，创新思维的培养在创业价值观上对受教育者的影响也是深远的，激发了他们从事经商行为的热情。反过来，新商科人才培养模式的探索因为较双创教育早，就可以为双创教育的起步提供引擎动力，双创教育完全可以借用新商科人才培养模式建构的框架，利用其教育资源使得自身的培养体系更加健全，培养方式更加多元，培养成果更加显著。与此同时，二者的合作也是提升改革层次、解决就业等现实问题的客观需要，这种在目的上的连接是双方互动的基本前提，为新的价值整合提供了可能性。

毫无疑问，双创教育和新商科人才培养模式具有内容上的契合度。在具体的操作环节，双创教育和新商科人才培养都依赖专业知识的教授，尤其是是否归属于人文社科、理工经法、艺术医科等学科领域，坚实的专业知识基础是必要的前提，从这一点来看两者可以在课程设置、师资培养、实践基地建设和实训岗位等层面，进行资源的融通共享。创新创业教育的重要推动力是大学生日益增长的就业压力，创新创业教育成为继“学术教育、职业教育”之后的第三张教育通行证。

人们希望高等教育的毕业生不仅是求职者，而且是成功的企业家和新的就业岗位的提供者。创新创业人才除了具有一定的学术能力、专业职业能力之外，还要培养事业心和开拓能力。这种培养需求决定了高校的教育观、人才观、质量观和价值观，而新商科的人才培养模式恰恰适应了这一特点和要求，在突出专业建设的同时，构建人才培养理论和体系功能。

高校双创教育是深深嵌入社会网络之中的，它并不是一种孤立的存在。嵌入理论，说起来是一种存在于新经济社会学研究领域之中的一个重要理论。这一理论的核心内容就是，在经济与非经济的制度中，将人类经济深深嵌入其中。最初的嵌入理论，只简单地被用来指一种经济现象的解释理论，经过演变升格，才逐渐具有了一般的方法论意义，正式成了一种与众多学科息息相关的方法论工具。

从嵌入理论的角度出发，高校双创教育将其中的学生及其所处校园网络环境，共同嵌入更大的社会结构中，并接受来自社会结构中的多方面因素的影响，包括文化、价值因素等。政治、经济、文化等因素，具有的制约作用，不管是高校双创教育的价值取向，还是高校双创教育可能设定的目标，无论是高校双创教育可能获得的支持和限制，还是高校双创教育可能采取的手段措施，都会受到其影响。此外，在多重社会网络中，同样镶嵌着高校学生个体，由此可知，对大学生形成创新创业意识的过程而言，社会网络所具有的重大影响作用。

二、双创教育与新商科实践教学的中间媒介

由此来看，双创教育与新商科人才培养模式的交融可以做以下尝试，以求拓宽双创教育与新商科人才培养的融通路径。

（一）加大高校嵌入商业社会网络的发展

高校嵌入商业社会网络发展的加大，可分为两个方向的加深：其一是范围的扩大；其二是程度的加深。学生除了平行嵌入高校以及多种社会网络之外，还嵌入在更大的外部社会网络中，这就意味着人们要对高校双创教育作用具有的局限性，以理性的视角来看待，并且在双创教育的实践过程中，要注重四个方面的协同程度：其一是社会组织的参与程度；其二是高校创新创业教育；其三是家庭和社会网络；其四是其他教育机构。

高校嵌入社会，可以是政治方面的嵌入，可以是经济方面的嵌入，也可以是文化方面的嵌入，这些内容体现出了高校嵌入社会具有的一个特点，那就是多重性。形式多样的嵌入在深度上是存在差异的，这体现在不同国家，或者是同一国家的不同时期发生的各种嵌入之上。高校方面要想与市场创业活动之间形成良性互动，有赖于中小企业经济嵌入的不断加强加深。

（二）扩大大学生嵌入教育网络的深度和广度

这里所指的教育网络更确切地是指校园创新创业素质教育网络。大学生在

校学习期间，除了嵌入大学校园网络、朋友和其他社会网络之外，还嵌入家庭亲属网络之中，这些形式多样的网络相互交织，形成了一个相对复杂的组合，共同构成了一个具有强大作用力的“教育场”。决定高校双创教育将会对高校学生产生的影响力的因素，主要有：其一，是高校学生个体在校园网络中的嵌入深度；其二，是高校校园网络具有的强度和密度；其三，是各种网络的整合度，包括大学校园网络以及其他社会网络等。

就当前高校而言，比较重视的两种网络建设，分别是学生班集体成员的网络和学生寝室成员的网络。学生在校园内除了与这两种网络嵌入程度较深之外，部分学生在学生组织中嵌入较深。但是，总体而言大多数学生的校园嵌入类型，还依然较为单一。

要想加深高校学生嵌入校园的网络深度，要以学生为中心，为他们构建更多类型的校园网络，这样做的目的是增加学生嵌入多种类型网络的机会，从而有助于学生参与网络互动的频率的增加，有助于学生在网络互动中质量的提高。同时，首先，要注重教师的角色，注重对教师的引导和再培训，使他们能转变教育理念。其次，要对课堂教学方法进行改革。最后，要使高校师生之间的教学网络密度和强度得到增强，一方面，来使学生能更主动地参与到课程学习之中；另一方面，师生之间网络可互动的频次的增加，有助于使学生嵌入教学网络关系的程序得到提高。

（三）协助政府加快中小企业创业环境的整体优化

以嵌入理论为出发点，高校学生创业主要是嵌入外部社会网络中的，要想从根本上解决当前大学生创业难的问题，就必须致力于以中小企业创建和成长的环境为主体的整体优化，这是因为高校毕业生创业时，普遍面对的问题就是中小企业的成长艰难的问题，可见，加快以本地区成长型中小企业为代表的创业环境的优化的重要性。为实现这一目的，高校方面要从以下两个方面入手。

首先，高校方面除了要辅助政府加强对政策的顶层设计之外，还要更多地协助政府加强对法规的顶层设计，同时，有意识地减少随意性，不断推进中小企业在制度方面上立法层次的提高，并使中小企业成长的制度体系不断得以完善。总而言之，就当前的高校学生创业而言，最为紧迫的一个任务就是对中小企业成长环境法规体系进行改善。

其次，要在重视大学生创业政策法规的重构的同时，使成长型中小企业的扶持力度得到进一步加强。这里的成长型中小企业是指在较长时期内，在挖掘资源能力方面，具有持续挖掘的能力，在潜在价值方面，还有着较大的成长空间，在投资回报方面也是比较良好，并且预期在未来能获得一个良好成长的中小企业。

总之，高校开展创业教育和启动新商科人才培养模式，其最大的共同优势是高校本身是知识和人才的集中地，其整体教育普及的结果，容易形成“知识溢出”的效应和“知识资本化”，如果大学校园能够形成良性的网格互动，再辅之以灵活高效的社会环境，就能实现教育成果的不断累积。

第三节　新商科双创教育实践的背景、推进及改革创新

一、新商科双创教育实践的背景

培养新商科“双创型”人才，是基于高校创业教育应当秉承差异化发展之路、结合学校专业特色和文化传统而提出的，对于财经类院校具有普遍的借鉴和推广意义，在实践层面，抓好上下联动，做好关键点控制和内外协同可持续性保障尤为重要，具体可以通过加强双创教育组织机构建设，夯实保障体系；通过双创文化范式助力，提升大学生创业情商；通过强化立德树人引领，商德伦理教育精准归位；通过深入做实校地合作，在帮助区域经济发展进程中实现社会的协同发展。

在新商科的开放性思维理念背景下，高校应不断创新综合性的教育知识体系、新的素质结构和实践结构，以融合新商科办学特色的双创教育为切入点，促进新商科的建设。新商科双创教育模式应以培育学生创新精神、创业意识和创新创业能力为重点，建立校校、校企、校地、校所的协同育人新机制，全面深化创新创业教育改革，积极尝试、探索建设混合所有制创业学院。通过开展一系列双创教育实践，建立创新创业教育课程体系，构建创新创业教育与专业教育、通识教育、实践教育、素质教育为一体的创新创业人才培养体系，建设“政、产、学、研”协同的创新创业实践基地和创业孵化园。

新商科双创教育模式通过系统的实践将双创教育融入人才培养全过程，实现了与社会共建协同育人的平台，实施与区域经济深度融合的创新创业教育体系，全过程推进创新创业人才培养改革，全程开放实现了创新创业训练孵化生态系统的目标，探索了一条地方性财经类高校依托学科特色与优势、系统化培养创新创业人才的有效途径。

二、新商科双创教育实践的推进

（一）推进资源的可持续性保障

注重校内外协同。校地合作，协助区域经济社会协同发展。校地合作、校企合作作为整合学校教育资源和企业各种资源的人才培养模式，为高校的创业教育提供了优质的实践平台，促进了区域经济的协同发展。学校通过积极整合各类优质社会资源，特别是校友资源，探索了兼具前瞻性和可持续性的建设、发展模式。为更好地落实《国务院办公厅关于深化高等学校创新创业教育改革的实施意见》精神，学校积极筹划，联合当地政府、优质校友和社会资源，启动建设创业孵化园。

高校可以建设各种新商科创业和孵化机构，如“大学生创业园”“创客商学院”，汇集大数据、互联网金融、电子商务等产业为代表的互联网创业团队和企业，构建起新商科双创教育的独特教育场域，完善双创教育生态，有效地推动校地、校企、校校、校所等协同育人不断取得进展，进一步推进了校地协同发展。

校内外双重融合发展，打造双创教育高地。高校新商科的双创教育可以以创业实验班和创业学院建设为牵引，推进全校性双创教育改革。在互联网时代，还可以以慕课为着力点，进一步探索与信息技术融合的“互联网+”创业教育模式，进而全力推进双创教育与专业教育在校内的融合发展。

新商科背景下的双创教育，最直接的教育价值体现就是将青年大学生培养成创新型、实践型和应用型的人才，从而服务于社会进步、经济发展和国家建设。从人才培养的角度讲，商科大学不能简单地落于俗套，采取仅以传授知识为主的适应性教学，而应当倡导以培养创新意识、创新精神和创新能力为主的创新性的应用型、实践型教学，为社会培养具有创新精神和创新理念的人才。新商科双创人才培养模式的改革与实践，不仅深刻地体现了高等教育的客观规律，体现了时代的发展潮流，与现代大学精神及“两个一流”战略一脉相承，而且符合学校自身的历史定位、区域定位、现实定位和发展定位。

校内外相融、积极互动，打造以“核心层+中间层+支撑层”为特征的“三位一体”高校创新创业体系。核心层是指创新创业教育的核心内容层。中间层是指影响学校创新创业教育的内在因素。支撑层是指影响高校创新创业教育的外部环境因素。新商科创新创业教育模式在这三个层面上发挥了良性的黏合功能，促成了创业教育的良性循环，构建起适合新商科高校的特殊的、满足现实需要的、具有地域特色的、有利于学生创业的新型创业生态系统。

（二）推进质量保障的关键点控制

1. 重视双创教育组织机构建设，夯实保障体系

注重上下联动。新商科双创教育的顺利运行离不开一套科学合理的保障机制为其护航，实践证明，一个完善的高校组织机构和健全的工作机制，是创新创业教育顺利开展的保证。新商科的双创教育在新常态下抓转型发展，在转型发展中提出双创驱动，围绕“就业能称职、创业有能力、深造有基础、发展有后劲”的应用型人才培养目标，将组织机构建设融入人才培养的顶层设计。

创业学院对创业教育从培养目标、课程体系、师资队伍、管理机构和评价体系等五大关键环节进行系统指导，扎实推进了新商科双创教育体系建设和各项工作。学校需要建立创新创业教育经费保障制度，规划并落实双创教育经费的使用，并积极实施创新创业训练计划。

2. 双创文化范式助力，提升创业情商

新商科背景下创新创业教育的文化范式有着“知行合一、敢于创新”的文化价值取向，因此高校还应重视完善价值的整合。对于高校来说，可以大力扶持以创新创业为主题的学生社团、协会、俱乐部，重点打造创业教育社区，鼓励有创业需求的学生组建诸如就业与创业服务协会、未来企业家俱乐部、著名企业家研究会、梦想工坊等社团组织，依托创业教育社区，开展了一系列创新创业主题活动，提高了学生开展创业实践的积极性。很多时候，创业意识突出的学生具有更多的影响力，他们很多时候既是高校的“社区精英”，也是“意见领袖”。他们常常本身就比较活跃，能力较为突出，善于整合资源、组织团队，这些人的思想更容易影响其他人。

学校还可以根据社会学“社区精英”理论，通过机制化的制度设计，充分关注对创业意识突出的学生的培养，这些学生自身才能突出，在校内社区中拥有相对的优势资源，他们很容易会成为学生团队的管理者或决策者，拥有不容忽视的群体影响力。同时，他们思想灵活，善于创新，在新媒体快速发展的场域下，他们活跃在学校人际传播网络中，为其他学生提供观点、信息与建议。学校通过校团委、学生会、宿管会等组织对创业意识突出学生进行价值引导，这些学生凭借善于创新的思维，在人际交往与信息传递中成为各自所在群体的“意见领袖”，引导周围更多学生形成正确的创业观念并开展创业行动。

学校将辅导员工作作为培养学生双创情商的重要举措，通过“课程—生活—

课外”的方式让学生形成优秀的创新创业能力。辅导员容易了解学生，熟知学生的能力特点，高校让辅导员教师去教授大学生的创新创业教育课程，充分考虑了因材施教的双创教育理念。辅导员也可以深入学生的生活社区，在学生日常生活中与其充分互动，真实了解学生在创新创业构思与实践过程中的问题和需求，并给予积极引导。在辅导员带领下开展的第二课堂，是大学生开展创新创业实践不可或缺的形式，通过联结相关专业课教师与社会教师资源，让学生真正爱上创业，与创业结缘。

3. 立德树人引领，商德伦理教育归位

对于新商科建设来说，还应高度重视师德师风的建设，把提升全体教师的创新创业素质作为一项核心工作。在新商科双创教育语境下，创业师资队伍相比其他专业教师更需要加强师德认知，培养思想政治素养的同时锻炼双创教学与实践技能。创业师资队伍不仅包括校内师资，还包括实践型的校外社会师资。对于新商科教师的师德师风建设，其最主要的一个问题就是在商业利益问题上，在“利人还是利己”的价值观上面临着巨大挑战。学校创新性地发挥了教师发展中心在青年教师成长路途上的引领作用，加大了价值观培训课程的数量，创新了商科创业文化教育的形式。

学校将“立德树人”融合到新商科的高校双创教育中，一方面嵌入“立德—立业—立人”的系统化育人模式，另一方面增强教师的实践锻炼能力，让其接受实践锻炼，丰富业务实践经验，提升教职工综合素质，进一步加强实战教学和应用型人才培养，真正让创新创业教育角色归位。

最后，学校以立人为目标，搭建起创业教育德育平台。在开展创新创业教育的同时，注重对学生的理想信念教育，整合高校的校团委、学工队伍、思政队伍及教学队伍的力量，也注重加强对学生创新能力的挖掘，以社会实践为载体，举办形式新颖、内容丰富的创新创业活动。同时，学校充分关注对创业意识突出学生的创业社会责任教育，加强对其创业价值引导和团队领导能力培养，这对引导在校学生群体的创业价值观产生了积极影响。

（三）推进过程，注重点面结合及参与度

依托新商科优势，将创新创业教育“接地气”地渗透结合到各专业的课程教学中，打破了创业教育“语义泛化”的困境。将创新创业教育融入全校课程体系，开设专门的创新创业专业课，灵活务实地邀请校外“商务精英”进入课堂，首创“创业管理微专业”，将双创教育与专业教育进行充分、全面的互动，

成为当今高校双创教育与专业教育轨迹呈现“疏离化”趋势的一剂良药。

学校在通识教育教学方案中设立“创新·创意·创业”模块，共六门课程，增设“创新思维训练”等通识选修课，开设必修课“大学生职业发展与就业创业指导”，重点突出双创教育的内容；开设“项目管理”等创新创业相关专业课。创业教育充分发挥“商务精英进课堂”机制的实效，每学期安排“实务精英进课堂”教学环节，充分考虑创业教育元素的引入，课程类别包括专业核心课、专业选修课。

大批创业意识强、创业实效好的社会“商务精英”受邀进入课堂，在与学生分享具体案例和知识点的同时，柔性融入创业意识教育，“商务精英”与学生的互动时间不少于30分钟，收到了很好的启发式教育的效果。同时，学校打破传统，以新商科理念中“协作、共享、集成、融合”为主线，依据创新创业教育的核心要求，对专业教育进行适应性打造，并有机地嵌入创新创业理念中，做到双创教育和专业教育的深度耦合。

在当前互联网经济快速发展的环境下，学校应重视“互联网+”时代下双创教育模式的探索，积极将新商科优势融入其中，以实践为指导，推动新商科课堂教学改革。

以第一课堂为教学活动的基本载体，将创新创业知识渗透到各专业的课程教学中，通过在专业课程教学内容中适当地增加创新创业元素，优化课程结构和内容，培养学生基于专业知识的创新创业能力。在传统第一课堂创新创业教育的基础上，丰富第二、第三、第四、第五等创新创业教育“多元课堂”，即校内外创新创业实习实战、大学生创业孵化某地、创业教育社区等。这种基于“一体多元”的大课堂授课和全方位育人，通过第一课堂与多元课堂的有效协同，发挥叠加与耦合效应，为双创教育提供了良好的环境。采取形式多样的创新创业教育方式和灵活的弹性学分制。第一，学校根据专业性质的不同，探索不同形式的创新创业教育。第二，探索学籍保留机制，实施弹性学制及学分积累与转换制度。

另外，学校主动保持创业类课程课堂的适度开放，尤其要把“商科创业通识课程”的授课质量定位于经得起校外一线创业者评价的标准之上，只有这样，创业类课程的实用性才能增强，高校创业教育对经济社会的现实贡献度才能提高。大学应该强有力地促进地区和全国的经济进步，而且要行动迅速，只有创业课程教师与校外企业一线走得近，校内讲台才能站得稳。

协同育人，“多元”建设高水平双创教育师资队伍。高水平的双创教育师资队伍是推进创新创业教育向深层次发展的核心所在，是培养高素质创新创业型人才的根本保障。高校创业教育课程质量提升需要大批高质量的师资，这与当前教师群体的创新创业教育意识和能力普遍欠缺存在矛盾，创业教育师资力量薄弱仍是当前全国高校面临的普遍问题。

学校鼓励教师广泛参与，指导学生开展实验、实习实践、课程设计、创新创业竞赛、创业实践等，强化双创教育在教师职务晋升、岗位聘任奖惩中的作用，鼓励新商科模式下创新创业教育全员参与。

此外，学校还需改革培训方法，促进教师角色转型。建立创新创业教师锻炼成长、专业发展和能力提升的长效机制，稳步推进创业导师选聘师资培训、人才库建设、创业导师工作室和导师团队建设、创业导师与学生创新创业项目结对等工作，不断提升师资队伍质量并扩大规模。

三、新商科双创教育实践的改革创新

（一）实践创新环境的建设

1. 统一规划、资源共享

实验室自跨入知识经济时代以来，就扮演着科学知识发源地的角色，可以说，就实践教学的形式而言，实验教学始终发挥着重要的作用。实验室除了是实验教学的主要场所之外，同时，还是大学实践教育领域中，最为基本也最具重要性的组成部分。

首先，当前实验室的核心任务，述说起来就是培养具有高层次、多样化，以及高素质和创新型的人才，以及不断开展实验室建设与管理。其次，当前实验室的中心任务，述说起来就是培养服务创新型人才。而对实验室内的人、财、物等方面的资源进行充分利用，并实现资源利用效益的最大化，这就是实验室建设的中心任务。这里所述的效益最大化，与实验室资源共享的理念之间的渊源颇深。

关于实验室的资源共享，其中的资源是指，师资、课程、实验环境，以及实验技术等。这些资源的共享，首先不仅可以促进办学效益的提高，还可以加强创新型人才的培养；其次除了有助于实现教学投入效益的最大化之外，还有助于实现科研投入的最大化；再次除了有助于实验室教学获得更为协调的发展之外，还有助于实验室科研更好的协调发展；最后不仅促进实验室队伍的建设管理的提高，同时还有助于资源共享效益的提高。

2. 平台建设、效益最佳

围绕着实验室总体规划，展开统一建设、管理和使用，在空间、资源共享的过程中，逐渐构建起一个创新型人才培养平台。首先，为实现各个实验室以及资源共享系统两个方面主平台的进一步结合，要使建构仪器设备开放服务网络，是具有层次的。其次，要使高校日常管理与资源管理、服务工作，以及资源管理三者之间是密切相关的，从而实现系统的持续稳定运行。分层次架构的仪器设备可以说是平台建设的重点，相关人员可以从多个角度出发，来对信息技术、硬件检测技术，以及管理机制等多个维度来推进仪器设备开放服务共享平台体系的建设。

要想实现优质教育资源共享信息的进一步整合和优化，除了不断对共享技术进行完善之外，还要加强对管理机制的完善，从而充分发挥优质教育资源的作用。关于实验室整合共享平台的作用如下。

第一，能够为学生的创业实践，提供一种可用于实验和实践的环境。学生可通过共享平台来获得系统的基础知识以及相关的专业技能，从而使形成的教学平台，既具有展示性，又具有规范化。

第二，有助于教学实践的展开，一方面不管是理论教学，还是实验教学，都可通过共享平台，来展开系统规划和统筹安排；另一方面不仅有助于各课程实验内容的沟通和协调，还有助于教学训练的沟通和协调的展开，通过资源共享，可以有效避免不同实验室的实验设备发生重复配置的现象。

第三，有助于实验室资源效益的充分发挥。资源共享使实验室队伍、资源以及规范几个方面的整合成为可能，不仅有助于资源的管理和协调，还有助于资源的调动，从而有助于可持续发展的展开，以及高校装备建设方式的转变。

（二）实践创新教学的改革

1. 基础与创新并重

关于实验教学，它除了是验证性的教学之外，更是一种创新型人才的培养形式。关于深化实验教学改革的关键内容，就是要做到基础与创新并重。首先，基础课程建设的强化，述说起来正是创新型人才培养的基石。不管是综合课程、交叉课程建设，还是设计研究性课程的建设，都有赖于一个扎实的基础课程知识。其次，培养创新型人才的关键之处，述说起来是不断对创新型教育的内涵进行深化，即以学生为中心，对他们的创新精神、创新意识，以及创新思维和创新能力进行培养和提升，并最终收获创新型成果的人格。此外，关于创新型人才，不仅要具备自主创新的意识，同时还必须具备博而专的基础准备。

2. 教学与科研并重

教师除了要重视教学之外，还要关注科研。在高校中还依然存在着很大一部分的教师，没有将教学与科研相结合。在他们看来，教学是教学，科研是科研，这二者之间存在的关系并不是很大。有实践可证明，在建设实验课程、实验内容的过程中，有意识地将教学与科研二者相结合、相转化，相较于二者相分离状态下的教学实践而言，能更好地培养创新型人才。教学评估工作的开展，由学校组织院系来对科研成果进行编撰，使其转化为论文集，并对其成果进行总结与归纳，这一工作的持续、有序展开，能为实验教学的教师以及相关实验技术人员提供一定的支持，包括实验技术研究方面上的支持、管理技术研究方面上的支持、用于开发实验教学项目的相关设备的支持。以上种种的最终目的，都是为学校教学和科研工作的，提供更好的服务。

3. 教学模式与方法多样化

教师在教学中要注重教学模式与方法多样化，首先，就是要树立教学理念和观念。在教学理念上，要注重以学生培养为本，要重视培养学生的知识传授、能力培养以及素质提高三方面因素的协调与发展；在实验教学上，应树立以能力培养为核心的观念。

其次，不断提高实验教学质量。在重视学生实践能力的实验教学体系建立之外，还要重视学生创新精神的实验教学体系的建立。在教学实践中，要以学生为中心，重视学生基础知识和技能的培养，重视学生创新意识、创新能力以及创新精神等方面能力的培养，重视学生的主动探索精神。

最后，在实践教学方法方面，要注重“六个结合”，即理论与实践相结合、宏观与微观相结合、经典与现代相结合、实验内容与科研相结合、实验课程与社会实践相结合、多重教学方法与手段相结合。

（三）实践创新教学的启示与建议

1. 加大实验教学条件建设

依据对众多高校中的实验教学示范进行的观摩和交流，可以得知，不管是教学运行，还是人才培养的基础，述说起来都是实验室条件建设。这里所指的条件建设，主要包括以下两个方面的内容。

首先，软环境建设。这一内容是建设过程中的中心任务，主要包括三个方面的内容：其一是重视程度的转变；其二是思想理念的建设；其三是重视方法模式的建设与改革。

其次，硬环境条件建设。在建设硬件条件的过程中，可能会遇到的关键问题，述说起来具有代表性的主要有环境和资源的问题、资源共享有待强化的问题以及发展空间有限制的问题等。

2. 不断提高实验教学质量

在实践创新教学的过程中，实验教学质量的提高，首先，以自身特点为出发点，有选择地吸取国内外高校经验，一方面，不断对教学改革进行深化，重视创新型人才的培养，使构建的课程体系在普通教育与专业教育上始终处于平衡的状态；另一方面，除了要重视跨学科教育之外，还要重视学生的基础教育，在整个教学体系中，重视学生创新能力的培养。

其次，要在教学中充分利用现代化科技手段，以形式多样的、全方位的培养模式，来不断加强教学与科研之间的转化力度，从而实现思想与理念两个方面内容的付诸实践。

最后，在实验室教学中，不管是实践教学水平的提高，还是实践教学效率的提高，构建起一个教学的质量监控体系，都是必不可少的一项内容。在进行实践教学质量管理体系的构建时，不仅可以借鉴 ISO 质量管理原则，还要积极借鉴 ISO 质量管理的相关模式。

3. 注重学生实践能力和创新精神的培养

实践教育对高素质、创新型人才的培养有着极为重要的地位。在诸多高校的人才培养模式中，“重基础、强实践”都是一项非常重要的内容。而实践教育的加强，并不只是只对实践教学进行加强，而是在教学中将因材施教等现代教学观念贯彻于其中，并创造出一个有助于使创新人才脱颖而出的培养模式。这里的培养模式的形成，需要对理论和实践进行整合，需要课内与课外相沟通，需要注重认知学习与应用，同时还要有意识地将学生获得专业知识和能力的过程与社会性发展进行有机融合。总而言之，实践教育除了是培养创新型人才的内在需求之外，还是实现创新型人才培养的重要方式。

第四节　新商科双创教育的利益关系与分配

一、新商科双创教育关联方的利益共生

如果说双创教育与专业教育的结合是内部的自我持续更新，那么高校双创教育与由政府、企业等构成的社会创业生态系统的互动则是一种互生共养。创业实践活动本身对知识的吸纳能力很强，双创教育对实践的要求度也高，它需要不断收集社会创业知识，并通过社会创新创业实践活动调整自身的教育轨迹。因此建构起合理的创业教育生态圈，找准创业教育的生态位尤其重要。

（一）关于“利益弱相关”制约双创教育校内外互动

在高校与政府、企业和学生之间存在着微妙的利益关系，彼此依赖又互相促进，共同影响着创业教育的深度和广度。

1. 高校在社会创业生态系统中的生态位“缺席”与“迷茫”

生态位是指生物种群在多维空间中占据的空间位置。这里所述的空间位置，其坐标可以是环境条件梯度，也可以是环境资源。对于每一个物种而言，他们在生态系统中都有着自己的生态位。一个物种的生态位越宽，则说明这一物种种群可利用的资源，就其资源种类而言就越多，相应地，就具备越强的周围环境适应能力。

若将社会创业比作生态系统，那么，我国高校在这一系统中具有的生态位，明显还很窄，表现为：其一，在吸纳外部资源方面，能力很弱，不能给予充分支持使校内创业教育顺利的展开；其二，在社会直接输出创业者的能力方面，还很弱；其三，在社会所能为创业者提供的直接帮助方面，也是较少的。就高校对周围环境的适应能力而言，从社会创业生态系统的角度分析来看，还是很弱的，并表现为高校整体上推动社会创业活动的力度相对不足，不管是在创业教育课程建设上，还是在创业教育课程的活动设计上，均不具备足够的时效性，总而言之，在如何具体深化创业教育方面，高校还没有一个明确的方向。

经过多年的努力，深度参与创新创业教育的高校越来越多。人类的教育系统，述说起来主要有三种：家庭教育、学校教育、社会教育。任何一个系统都各自具备着教育要素、媒介和工具。此外，在这三个系统之间每一个系统中的

要素和信息都能与另外两个系统产生协同效应，即它们之间是相互作用的。只有结合这三个系统共同致力于创业教育，才是理想状态下的创业教育。改革开放之后，高校的创业教育被提上日程，并且在一定层面上取得了良好的效果。改革开放近 40 年来，高校毕业生创业人数的增加，就是现实的说明。我国高校在办学机制方面存在的不足与封闭之处，首先没能为学生提供与创业相关的知识；其次不能为存在于社会创业生态系统中，具有创业可能性的部分群体，提供一定程度上的与创业教育息息相关的“营养和资源”，导致潜在的创业者群体，只能向其他主体进行求助。这种创业生态系统中的供需矛盾，也就是创业教育的供需矛盾，若能从其他主体中获得满足，这一矛盾就会得到缓解。

2. 其他社会组织在社会创业生态系统中的“补位”与“替代”

由于高校在创新创业教育方面还依然处于“势弱”地位，当前社会创新创业教育具有的主体功能，就主要由其他结构来承担，如大中型企业的内部“学院”、家庭组织，以及社会商业培训机构。在无形中，区域化产业集群网络，充分发挥出了其所具有的平台功能，同时，在区域化产业集群学习平台中，家庭创业教育也很好地发挥出了其所具有的助推作用，相应地，在很多地方就出现了大量的群体性创业，并且这些创业是通过血缘亲属网络来实现相互连接的。此外，就部分群体性创业而言，较为突出的特征，述说起来就是“低学历、高创业能力”。

就当前国内已形成的区域化产业集群而言，很多集群都为潜在的创业者提供着有力的支持，包括匹配度很高的特定知识体系以及具有高匹配度的学习机制。而非编码知识，述说起来就是这些知识形态的具体表现，如工商传统的地方性知识，以及商业习俗和生意经等。潜在的创业者中不乏存在由于受教育程度偏低，而限制了他们自身创新创业发展的问题，通过知识的流动和共享，则可以有效改善这一方面的问题，因其符合不同创业者吸收知识的偏好，所以在学习收益方面是比较高的。

不难看出，必须建构合理的“利益互动群”，才能有效推进创业生态系统健康升级。家庭和社会创业教育的协同发力，使得创业生态系统达到了一种暂时性的供需平衡，但也同时使得高校在社会创业教育的格局中的“弱势”格局进一步被“锁定”，很难改变其实施乏力的困境。虽然家庭和社会进行了“补位”，但仍无法彰显高校作为知识和人才集中平台的优势。这种生态结构显然是不健康的，是无法持久的。高校与社会力量之间的生态弱相关需要进一步理顺，从而推动创业生态系统的健康升级。建构各方参与、协同分工的生态利益群，是真正发挥高校双创教育作用的重要环节，我们应当加大在教育内容上的改革力度。

双创教育具有鼓励受教育者积极展开新商机探索的特点，由此可知，不管是创业教育的内容，还是创业教育的形式，都具有一定的开放性，同时，还为学生提供了大量的机会，使学生可以选择创业的领域，不再只局限于几个。在双创教育的建设过程中，许多高校都致力于大胆探索新内容，并将其纳入双创教育之中，即在教育内容方面展开的积极拓展，一方面有助于高校双创教育内涵的不断丰富；另一方面有助于学生群体的现实需求的充分满足。

高校与高校之间，不仅有着不同的优势，在定位方面上，还有着明显的区别。就各高校的外部资源而言，也是存在着较大的差异性的。双创教育要想获得更好的教育成效，有赖于将这些差异以紧密结合的形式进行整合。若高校方面没有将教育内容上的“自由拓展”适度地与“重点发展”内容相结合，就将会出现高校双创教育发生“泛而不精”的格局，进而对教育成效产生不利影响。

政府作为保障机构，提供的政策和资金支持服务整个社会的政治、经济、社会发展；企业作为实践的中心环节，在参与过程中为自身吸纳源源不断的创新创业人才；而高校作为具体创业教育活动的关键环节，有着育人的神圣职责，多种利益关系之间相互独立又彼此交织，建构多方利益最大化的利益群就能够为多方利益的实现提供必要支持，这是引领双创教育不断深化的重要推动力。

（二）关于完善创业教育资源“价值整合”机制

1. 完善价值整合机制是培养创新人才的重要保障

价值链整合是指企业为了让自己所负责的业务领域更广泛、更直接，将企业价值链范围后向扩展到供应源或前向扩展到最终产品的消费者。双创教育的核心价值当然是培养具有创新精神的创业人才。关于创业教育终极目标的设定，应是以创业者为中心，帮助他们能够使自我价值得以最大程度的实现，由此可知，创业教育是与意识、精神和心灵有着紧密联系的一种教育。

高校双创教育不支持学生一直进行模仿学习，而是鼓励学生养成一种有差异化的思维习惯。要想营造出一种差异化的环境，有赖于高校具备的差异化文化。高校的创业教育模式不追求千篇一律，而是主张谋求新的育人理念，以及具有自身特色的创业教育模式，追求培养出来的学生不仅具有鲜明的个性，更是勇于思考的。总而言之，不管是高校在对学生的创业精神的培养过程中，还是在高校自身在创业教育的追求上，都需要重视的一项原则，述说起来都是鼓励差异。

高校方面在展开双创教育的推进过程中，不仅需要吸取来自校外的创业实践经验，还需要有丰富企业工作经历的师资，以此来促进高校与社会之间的畅通对接，一方面，创造出一个良好的创新创业教育氛围，同时，还能增强这一氛围的情境真实性；另一方面，有助于更好地保障创业知识方面具有的时效性。此外，就国外一些在创业教育成效方面、成绩较为优秀的高校而言，这类师资均占有一定的比例。而就我国而言，真正由高校提供的具有创业教育优秀水平的教师尚显得匮乏，尤其是在理论与实践结合的问题上具有发言权的教师还比较匮乏，创新人才是创业活动的执行者，缺乏创新意识，也就丧失了实现创业更大价值的可能性。

2. 完善价值整合机制是理顺创新机制的现实需要

创新机制是促使创业活动能得以持续进行的重要保障，围绕着创新机制，对其进行理顺，能促进创业教育获得进一步的发展。创业者要想创业，有几项能力是必不可少的：其一，是敏锐的机会捕捉能力；其二，是主动的创新意识；其三，是大量的实战性知识。这就对高校的创业教育提出了要求，既要加强教育过程中与社会对接的机会，又要加强办学过程与社会之间的多维互动。

创业教育的发生是在生产力得到发展之后的事情，在当前的社会背景下，为个体整合资源，并对知识进行转化和再创造，使其具有一定的社会价值，因此，社会对教育提出更高的要求。由于双创教育背景下，创业者能更加容易地实现知识的转化，使其成为资本或是社会价值的教育，同时，双创教育也能更好地引导个体在自己的岗位上，以主动积极的状态，来进行新价值创造的教育。因此，双创教育不仅不能远离社会，也不能远离市场。

在我国，高校办学经费的主要提供者是政府，就当前高校的治理结构而言，一方面，起着主要引导作用的还依然是政府教育主管部门；另一方面，在高校的治理方面，社会的参与度还依然处于较为缺乏的状态。双创教育的主要驱动力主要来自政府，政府要求高校要积极解决大学毕业生就业难的问题。就当前的高校创业教育而言，在民办高校这一教育没有得到充分的发展，而在公办高校由于一直以来都处于“垄断运营”的格局下，导致推动双创教育发展的推动力，就一直没能深入高校内部，致使高校从内部深层推进创业教育时，引发动力不足的问题。双创教育对高校提出了要求，即积极推动高校在办学导向和办学理念两个方面上的变革，而要想诱发和推动高校的内部改革，则有赖于强有力的外生变量的加入。

二、新商科双创教育的角色归位与资源配置

（一）做好文化流动，增强双创战略的文化支撑

文化是双创可持续发展的基础。经历了多年的快速发展，取得瞩目成就的深圳，还远没有到让经济社会结构或文化沉淀下来的时候，而是应该保持甚至加快文化的流动性。文化的流动为双创战略提供核心价值，提供支撑双创的心理定势和新的传统，提供支撑双创的观念指引，提供支撑双创的创新自觉、创新自信和创新自强；锻造双创所需要的企业家精神；培育双创依赖的创新创意阶层；提供双创得以实现的空间和环境；提供双创所需的“鼓励创新、宽容失败”的氛围。持续增强文化流动的能力、空间和程度，打造创新型、智慧型、包容型、力量型文化，为双创提供生存成长、壮大的土壤。

为双创提供实现空间和环境支撑，培育有助于双创能力形成的新传统。从小培养反思能力和批判精神，打破传统文化中落后与保守理念的心理定势和习惯，鼓励敢于突破“不敢为天下先”等保守理念，形成新的传统和活的文化。不断培育开放的思维解决问题的能力，培育勇于承担知识风险，尝试以新方式探讨问题的试验精神，提升自我反思与不解学习的能力。

坚持观念创新和观念引领。在鼓励建造高楼大厦、实现物质增长的同时，坚持支持新观念的生长，甚至坚持新观念的引领，给予社会科学领域宽松的发展环境和创新环境，支持对新观念的研究和发现。支持新观念的实践创新，为新观念的实践提供必要的条件。

（二）做好高校价值审视，将核心环节做强做精

高校是双创教育最直接、最核心的板块，能不能发挥好自己的教育功能直接关系着双创教育的实现价值。在开展双创教育之前，高校应该对自己在价值链中的定位有清醒的认知。显然，作为高校，首先，其是知识高度集中的地方，各种专业理论的积淀形成了科学的育人系统，先进的实验室和优秀的师资力量保障了育人工作的深度，这是保证双创教育持久发展的重要前提；其次，基于我国政府和社会各方联合办学的现状，高校又是各种资源的汇集地，在产业链中又天然具备借用资源发展自身的可能。

在这个认知的基础之上，高校应当依据校情，积极做好专业教育与双创教育的结合，通过开展通识教育和实践课程，为学生提供坚实的创业理论基础，形成一个有深度、有力量的知识圈，保障高校价值链的核心作用。

要积极聚焦全体教师的创新创业素质提升，同时，致力于学生群体的创业

热情和水平的提升。关于促进我国高校双创教育实效的提高，以及不断推动高校双创教育发展的关键因素，述说起来是改变当前高校双创教育的重心，即对“要求学生做什么”以及“学生需要怎么做”的问题进行改变，转变为对教师的要求，以及教师队伍的建设方面上，高校双创的工作内容，必须纳入提升全体教师的创新创业素质这一内容，甚至还要将其视为核心工作。

高校双创教育能力的重点，述说起来就是围绕着师生知识资本化的能力进行提升，也就是使高校教师能更好地指导学生完成自身知识与社会市场的对接，具备整合资源以及进一步实现产品和服务的创新的能力，并且能够为社会创造新的价值。当前我国双创教育发展阶段，其重点应是创造出一个教师双创教育与学生双创教育两方面内容并重，并且以“教师为干、学生为枝”的一种格局。

要想实现高校教师队伍的理念转型，只依靠口号引导、典型示范以及加强培训，明显是不足够的，有必要加入以教师业绩评价体系为中心的整体改革，并且就目前而言，这一内容在相关政策方面已经有了一个较为良好的基础，很多省份都赋予了高校以职称评审权，因此，高校在师资队伍特色化的建设过程中，就相当于有了一个更具吸引力的指挥棒。

（三）做好丰富高校在价值链当中的知识向心力的工作

合理配置价值链接，将各种资源引入、引燃。由于政府拥有对全社会资源调配的优势，利用好政府的推动力就变得尤为重要。高校应该不断集合政府关于创新创业活动的法律条文和政策倾向引导创业教育与时俱进的发展。首先，高校要在教育视野内努力营造一种开拓创新的氛围，不断丰富与创新创业相关的价值观教育。积极鼓励和推动具有创新意识和创新能力的企业与个人，让他们的成功案例激发大学生创业者的参与热情。

其次，高校要把双创教育积极融入地方经济社会。关于融入的路径，首先，对地区经济社会发展现状展开深入调研，与各高校在人才和专业方面上具备的优势相结合，在这一着力点上不断加深高校嵌入地方经济社会的程度，一方面，使高校内部院系、部门之间的条块分割壁垒的现状得到改变；另一方面，以解决现实问题为出发点，围绕人才团队的组织机制进行变革，在不断整合师资的过程中，使高校在转化智力资源的效率得以提高，即使其能更为快速地转变为商业价值。

其次，结合高校资源优势，围绕经济社会的发展趋势展开深入研究，以此来实现高校智力资源的整合层次的提高。同时，通过高校与地方经济相连接，鼓励高校教师参与到地方经济创新和科技创业之中，为地方经济的发展做出贡献。

总而言之，高校的教育要想获得长久的生命力，必须深深扎根于地域经济，将创业研究的重点聚焦于中小企业的成长之上。而关于高校的教学质量评估管理，是要积极引入社会多元评价机制，一方面，形成一种多方参与的高校治理结构；另一方面，对当前教育行政强势主导高校发展的现状进行弱化，为高校带来更多的办学自主权。

（四）做好价值整合这一长期且细致的工作

价值的整合是一个长期细致的工作，但这个方向是有益的。在创业过程中，创业者相比非创业者要具有更强的独立面对问题、克服困难的能力。这就要求创业教育过程应当更多地开门施教、对接社会，而不能只停留于内部模拟、闭门造车。在全社会形成创新的浪潮，才能为创新精神的培育提供支持。

高校则要进一步强化创新创业相关专业的知识教授，将培养创新人才的机制进一步理顺，推进创新平台建设，鼓励教师和学生的创新互动，真正发挥创业教育的关键作用，建立高校育人工作的新格局。双创教育产生的基础，是社会生产力的快速发展使个体具有更强大的整合资源的能力，政府、社会、高校和全体师生在双创教育的体系中具有价值的封闭性。有效的价值整合，能够调动起各方参与双创教育的积极性，使他们聚焦双创教育资源的共享性，这对提升双创教育内动力，扩大创新创业教育价值外延具有重要的现实意义。

第六章　新商科实践教学基地

在应用型高校人才培养过程中，实践教学是贯穿始终、不可缺少的组成部分，是学生理解理论知识、形成主动学习精神、锻炼综合素质和能力的重要手段。实践教学基地是实现应用型人才培养的重要条件。本章分为新商科实践教学基地建设、新商科实践基地的教学管理两部分。其主要内容包括：实践教学基地概述和建设、校内外实训基地的管理、实践教学的对外开放运作机制的实践教学管理、实践教学质量监控体系构建和实施等。

第一节　新商科实践教学基地建设

一、实践教学基地概述

（一）实践教学基地的特点

1. 要具有一定的规模

为了满足实践教学的需要，需要设立实践教学基地。任何专业都具有定量的学生人数，在高等教育大众化的今天更是如此。因此，无论是校内实践教学基地还是校外实践教学基地，都必须保持一定的规模。如果没有一定的规模，一次只能接受少数几个学生去进行实习和实训，那么这样的场所就不能被称为是真正的实践教学基地。

2. 要具有相对的稳定性

校内和校外实践教学基地都应在一定时间内承担实践教学任务。为了使实践教学基地足够稳定，大多数高校将时间限定为最低三年。确保实践教学基地稳定的原因：首先，实践教学本身是稳定的，是大学教学的日常工作，它是周期性的，并且具有很强的规律性，如果实践教学基地不稳定，则将对实践教学的正常发展带来很大的影响；其次，想要建设实践教学基地，往往会投入大量的资金，准备好各种条件，如果实习教学基地的稳定性得不到保障，肯定会使教学管理的成本增加。

3. 必须有明确的任务

不管是建设哪一种实践教学基地都必须具有明确的目的和任务。由于专业的不同，实践教学基地承担着不同的教学任务。例如，师范院校的教育实习基地——中小学，承担着教学实习、见习的任务；医学院校的医学实习基地——教学医院，承担着医学教育实习、见习的任务；农业院校的实习农场承担着农学专业学生实习、见习的任务；等等。没有明确的教学任务的实践教学基地，特别是校外实践教学基地，大多只是为了凑数而挂个牌子，不可能在人才培养过程中发挥应有的作用。

4. 必须能使学生受到实践能力的训练

实践教学基地不同于教室、实验室，也不同于具体的工作场所。它具有特定的工作环境和设备培训设施，并且作为一个综合培训场所，能够有效培养学生的专业能力和岗位能力。实践教学基地以行业科技和社会发展的先进水平为标准，以学校的人才培养方向和专业设置的实际需要为基础，旨在培养学生的技术应用能力和综合素质，将标准化、科学性和有效性充分体现了出来。它与生产应用、技术开发、管理和服务的前线相吻合，形成真实有效的人才培养环境，让学生有身临其境之感，使他们能够接受系统和标准化的专业和在职能力培训，并提高学生的知识应用能力和实践能力。

（二）实践教学基地的分类

1. 校内实践教学基地

（1）校内实践教学基地的优点

应用型本科高校实践教学任务繁重，为了确保实践教学任务的完成，所建立的校内实践基地不仅要足够稳定，而且质量必须足够高，只有这样才能使其成为能够有效结合教学、科研和实践多功能的基地。校内实践教学基地就是各教学单位根据专业特点，依托校内的实验中心（综合实验室）以及机关单位，经学校批准建立的实践教学场所。与校外实践教学基地相比，校内实践教学基地具有以下优点。

①就近方便。校内实践教学基地由于设在校内，与学生课堂教学相近，进行技能训练十分方便快捷。特别是对于一些耗时较长或有一定时间间隔的技能训练项目，在校内实践教学基地进行就更加方便和易于安排。

②保障性强。校内实践教学基地大多是由学校投资建设的，所以实习、实训设备完全可以根据具体实践教学的需要而随时增购，实习、实训项目也完全可以根据实践教学的需要而设立。在学校因特别情况需要调整教学计划，或校内实践教学基地因故不能安排实践教学任务时，学校也很容易对教学计划安排做适时调整，从而有效地保障实践教学的需要。

③便于管理和控制。校内实践教学基地可以根据学校实践教学的需要对基地建设做出长远规划，有目的、有计划、有组织地加强基地建设。此外，在学校专业设置或教学任务发生变化时，还应根据具体情况来适当调整实践教学基地建设，以便使实践教学的各种需求都能很好地得到满足。

（2）校内实训基地建设的原则

在建设校内实训基地时，必须严格遵守“科学规划、统筹安排、突出重点、合作共建、资源共享、分步实施”的基本原则，并且在建设过程中，还应遵守以下几项原则。

①导向性原则。所建设的实训基地必须有一定的导向作用，要能够有效结合一些优质教学资源和行业企业生产，用项目建设的形式对学校针对一些重点专业所建设的实训基地进行完善，然后营造一些真实或者接近真实的职业环境，在根据与职业岗位群对接的相关要求，来训练学生的相关职业技能和素质。也就是说，要切实做到有效结合先进性、真实（仿真）性、实用性、开放性、生产性。

②共享性原则。在建设实训基地之前，必须对其有一个准确的目标定位，对已经有的资源进行综合利用，为了最大程度地共享资源，将开放性和社会服务功能充分体现出来，必须把实训基地建设成为一个技能型紧缺人才的培养训练基地、农村劳动力转移培训的课堂、校企合作的载体以及“产、学”结合的平台。

③效益性原则。在建设校内实训基地之前，必须对学校的人才培养规模以及市场所需要的技能型专门人才的具体情况进行充分了解，使建设的实训基地与人才培养规模和市场需求相匹配，同时，还应确保社会效益和经济效益的统一性。此外，效益性原则还要求各高校对相关管理理念进行创新，要不断地寻找新的思路，制定新的机制，尝试新的模式，使实训基地的投资效益得到进一步提升，最终实现自主发展、自我完善以及自我管理。

④持续性原则。实训基地应该通过多种不同的方式来想办法使自己的软件和硬件建设水平得到进一步提高，使自己的实践教学和社会服务能力得到进一步增强，尤其是对于一些重点特色专业实训基地来说，对它们的持续运行能力必须给予足够的重视。

在建设时，必须严格遵循专业办户业、产业促专业的原则，确保在完成实践教学的基础上，对实训基地的管理体制和运行机制进行创新，实现生产经营和服务管理的专业化，形成管理、运行、发展的长效机制，努力将其建设成一个包含“产、学、研”以及培训于一体的、功能齐全的教育实体，只有这样才能使校内实训基地持续不断地发展下去。

⑤动态发展原则。学校应该根据本校的专业和师资队伍的实际情况，重点发展那些运行比较规范，获得效益比较好，具有显著示范作用和广阔发展前景的实训基地，并对这些基地进一步提升水平、扩大规模的愿望给予最大程度的满足和支持。

此外，各高校还应重点建设一些专业性和生产性都比较强的实习、实训基地，并努力将其发展成为区域性基地。对于一些省级和国家级示范基地，各高校要积极地去创建和申报，对于那种无法适应市场需求、共享，没有明显辐射作用，以及无法做到可持续发展的基地要尽早淘汰掉，只有这样才能真正实现实训基地的动态发展。

2. 校外实践教学基地

相比于校内实践教学基地，校外实践教学基地的优点如下。

（1）人才培养更易与社会需要接轨

校外实践教学基地大多是医院、有关政府部门、企事业单位、科研机构等场所，这些单位也是用人单位，学生在这些单位进行实习和实训的过程中，就能够直接对用人单位对应用型人才素质的要求有一个较为具体的了解。学校也会根据社会需要，对人才培养环节进行合理的调整。因此，校外实践教学基地就是应用型本科高校与社会联系的桥梁和纽带。

（2）实践技能训练环境更真实

由于校外实践教学基地本身就是实际的生产场所，学生在实践教学基地所进行的技能训练本身就是生产过程中的重要环节。因而，在校外实践教学基地学生接受的实践技能训练的环境更加真实。

（3）实践教学基地的功能更全面

校外实践教学基地具有训练学生基本技能的作用，但这不是主要的，它的主要作用是能够对学生的设计和开发能力进行培养，同时还能使学生的创新精神得到进一步提升。校外实践教学基地往往既是教学基地，也是科研基地，还是新技术、新产品的研发基地。这种“产、学、研”相结合的复合型基地，集生产、教学、科研于一体，从而使学生能够有机会更早地去接触和参加一些科研活动，了解一些新的技术、产品和方法，掌握与自己所学学科和行业相关的最新发展动态，甚至还会有一部分学生能够通过校外实践找到自己今后的研究目标和发展方向。

由此可见，校外实践教学基地除了能有效提高学生的基本专业能力、设计能力和开发能力以外，还能有效培养他们的创新精神，提高他们的创新能力，可以说，它有利于学生综合素质的提高。

（三）实践教学基地的功能

1. 提高应用型人才培养质量

一些应用型本科院校更加侧重对学生实践能力的培养，这就要求他们必须形成自己独特的不同于研究型大学的人才培养模式。在应用型本科高校特有的人才培养模式中，只有建立了能够有效满足学生实习和实训所需要的实践教学基地，才能使学生的实际动手能力和创新精神得到进一步培养。

实践教学基地是应用型本科高校人才培养模式的重要组成部分，在实施实践教学的每个环节都能提供一些重要的条件，都能够帮助学生将学到的理论知识应用到实践当中，所以，它也是学生获得实践技能的重要场所。正是通过在实践教学基地的实习、实训，学生的专业技能不仅得到了很大提高，实践动手能力也有所增强，此外，学生的创新精神也得到了培养，更具有团队意识和合作意识，对这个社会有了更深的了解，并且还获得了未来职业的体验。

2. 开展“产、学、研”合作

实践教学基地既是教学基地，也是“产、学、研”合作基地。“产、学、研”合作是应用型本科高校培养应用型人才的有效途径。通过“产、学、研”合作，学生在“学中干”“干中学”，在探索中学习、在学习中探索，综合素质得到全面提高。“产、学、研”合作也是学校为社会服务的重要途径，通过“产、学、研”合作，相关工厂、企业从高校获得先进技术支持，开发新产品、新技术，开辟新的服务领域和新的市场，推动企业不断创造新的业绩。

实践教学基地就是“产、学、研”合作的平台，在这个平台上，企业的需求代表着社会的需求，既提出了人才培养的素质要求，也预示着新产品、新技术开发的方向。高校在这个平台上，既完成了人才培养的任务，也承担着为社会服务的职能，同时也实现了自己科研水平的提高。

3. 拓展学生就业空间

就业乃民生之本，就业也是应用型本科高校人才培养的重要导向。应用型本科高校在我国高校中占据绝大部分比重，面向生产、管理、服务第一线的本科应用型人才是就业的一个庞大群体。应用型本科高校教学质量的高低和学生社会适应能力的高低，在很大程度上决定了学生就业率的高低。开辟多种就业渠道，建立稳定的就业基地，是提高就业率的重要举措。

校外实践教学基地由于长期接收大学生实习、实训，实习、实训科目与企业的生产实际密切相关，学生在基地接受的技能训练等于是预先接受了岗前培训，因此，在实践教学基地实习、实训的学生更符合企业的用人需要。这样，实践教学基地就不仅是教学场所，同时也是学生的就业场所；不仅是教学基地，也是就业基地，从而拓展了学生的就业空间。

4. 提高高校教师素质

培养高素质的应用型人才是应用型本科高校的根本任务。但要实现这一任务，必须有一批具有较高理论水平和较强专业实践能力的指导教师。从应用型本科高校目前的实际情况来看，绝大多数教师都是从一所学校到另一所学校，所不同的只是学习层次的转换，或从学生到教师的转换，同样存在着实践动手能力不足的问题。教师的实践动手能力不强，要培养出实践动手能力强的学生，这个任务几乎是不能完成的。因此，提高教师的实践动手能力，是应用型本科高校一项迫在眉睫的工作。

应用型本科大学校内和校外的实践教学基地不仅为学生提供了提高实践技能的场所，而且为教师提高实践技能的场所提供了场所。教师在实践教学基地指导学生的过程也是学习和锻炼的过程。从某种意义上讲，它也是面向应用的本科教师，尤其是青年教师的补充课程或再培训。不仅如此，应用型本科大学还聘请了具有丰富实践经验和热爱教育的技术专家、管理专家以及熟练的工匠等，通过校外实践教学基地的建设单位作为外部教师，从而完善高校师资队伍结构，在应用型本科院校中形成“双师型”师资队伍，有效提高教育教学质量。“双师型”教师队伍的培养途径主要有以下几种方式。

（1）组织教师参加实践性教学

教学是“双师型”教师培养的目标，要想为教师提供好的实践工作环境，就要求提前安排好实践教学计划，让学生的实践能根据生产工程的实践所变化，与生产工程紧紧联系在一起。教师可以安排学生在实验室内模拟工作现场，真切地让学生动手操作，再在相关企业进行为期一年的专业实习，鼓励教师在实践教学环节中深入社会，了解行业现状，熟悉市场和企业的运作流程，这些都将成为以后在教学中生动的实践案例。

此外，教师还要善于推广新的方法和模式，将实践和课堂的教学相结合，改变以语言为主的学问知识的教学模式，在课堂中引入案例式教学、研究式教学、情境式教学和反思式教学等模式，让实践的过程融入整个的教学过程。还要主动在校内寻找实践机会，提高学生的学习兴趣，如学生在实践中遇到了困难和实际的问题，并拿来请教教师，这样就让教师不得不提高自身解决问题的能力，这些都是最终实践教学的经验。

（2）保证实践性教学质量

本科院校的教学特点要求教师的晋升、评先评奖、工资待遇等奖励的相关规定都附加在重视实践教学方面的条款中。这其中考察的不仅是教师学历的高低和理论水平，最重要的是教师的实践教学能力和工作能力。设备、人才、资金和政策要倾向于实践教学环节，增大实践训练的基地、实习工厂和实验室、计算机应用软件中心等的建设，让教师和学生在仿真教学中实现模拟的实践。

（3）密切与业务部门的联系

业务部门每天都要面临无穷无尽的问题，从而产生案例。对于实践部门来说，这些实际案例来源于理论，也是理论的检验者。“双师型”教师也同样离不开业务部门，业务部门是教师最好的课堂和操场。应始终主动加强与各类公司等业务部门的联系，利用座谈会、学术交流会和研讨会等方式增进与业务部门的关系。培训教师在教学中是通过业务部门的资源有目的和有计划地进行的，以此提高“双师素质”，并且积极帮助业务部门解决实际问题，组织教师参与研究和培训业务人员。

（4）建立“产、学、研”创业机制

对于本科院校来说，怎样引导青年教师重视理论的进修、注重实际应用的研究，并将科研成果转化为生产力是很大的难题，但同时这也是培养“双师型”教师的有效途径。如今在很多本科院校还没有建立“产、学、研”的创业机制，所以还有很大一部分教师没有参加过“产、学、研”的合作式研究。要充分发挥“双师型”教师的潜质，制定相关激励政策是首要被考虑的，还要鼓励“双师”教师兼职和创业，在业务对口的条件下开展业务。学校还要利用起自身的社会影响力和教育资源培训基地，建立优秀的创业机制，让能够在“产、学、研”活动中创造更好效益且具有“双师”素质的教师首先行动起来。

（5）加强实践技能的培训

根据调查，部分高校之所以选择教师参加双师教师培训，是因为他们想切实地提高教师的实践能力，加之选择的教师几乎都是优秀的骨干，他们已经具备了很好的理论教学能力。在这种情况下，双师培训基地需制订合理的培训计划，担任培训任务的人选要选择双师能力强的教师，并提供充足的实验培训基地，在结业评估中强调实践技能的评价。

①做好前期调研和计划制订。前期要安排组织大量的市场调研，在双师培训前，根据调研情况对结果进行调查统计，结合培训基地的实际能力和教师的需求，为后期安排培训计划做准备，接着进行论证，确保培训计划满足教师的需求。

②精心组织落实培训计划。聘请经验丰富、高素质的双师教师进行教学，辅助安排实践场地，确保现场或一线工作的现场教学，使培训者有成就感，并继续激发教师学习的兴趣。加强教学督导和考核实践的规范化管理，组织教学过程中将不同的专业和学生区分开，由辅导员安排管理，为顺利实施教学计划提供一切条件。为了客观地评价教师学习的实际情况，教师的评估采用教学和实践的方法，教师负责理论考试的出题，并在实践过程中完成实践评估。培训结束后，学员通过考试，并获得专业教师“双师素质”培训的合格证书。如果教师未通过考试，将不会签发结业证书，并通知教师单位。

③推进校企合作，为“双师型”教师提供机会。本科院校可以聘请企业专家和工程技术人员，通过校企合作承担教学任务，参与教学质量的专业建设和评估，编写教材。最重要的是组织教师到生产一线进行现场演习，培养专业实践能力，承担科研项目，参与技术创新和转化，及时学习新知识、新技术、新工艺和新设备，使教学更贴近生产现场，培养教师的“双师型”能力。目前，校企合作仍处于浅层合作阶段，没有构成一个利益共同体，无法实现互补互利的共同发展。为了自己的利益，企业需要产品和利益，没有教育的责任和义务，本科院校无法满足他们需要的技术和员工，从而失去了与高职院校合作的动力和价值。

二、实践教学基地建设

（一）实践教学基地在建设和使用中存在的主要问题

为了保证人才培养质量，特别是对学生动手能力和创新精神的培养，所有高校都在加强实践基地的建设。特别是经过本科教学工作水平评估，应用型本科高校进一步明确了培养应用型人才的办学定位，进一步认识到加强实践教学的重要意义，采取各种切实有效的措施建设满足培养应用型人才需要的实践教学基地。但是，在实施基地建设的过程中，还存在不少问题，主要表现在以下几方面。

1. 部分学校对基地建设重视不够

大部分应用型本科高校从提高应用型人才培养质量出发，重视实践教学，加强实践教学基地建设。但是，部分应用型本科高校还存在盲目攀比的心理，不安心于办好应用型本科高校，总认为办研究型大学高人一等，因而对提高应用型本科高校教学质量必需的实践教学基地难以给予真正重视。

从高校内部来讲，不同的学科专业对实践教学的重视程度也不一样，工科、农科、医科等专业对实践教学基地建设相对较为重视，而文科、理科等专业对实践教学基地建设重视程度相对不够。基地建设需要调动方方面面的积极性，人人参与，但一些高校缺乏鼓励教职工参与基地建设的具体措施，没有建立健全基地建设组织机构的经费保障机制，在建设过程中出现不少困难。

2. 缺乏长期稳定的实习基地

实践教学基地必须保持稳定性才能在应用型人才培养中发挥作用。效益好的企业，更怕学生实习影响他们的正常生产进而影响经济效益，大多安排学生做些辅助性的工作，学生难以了解生产全过程，更谈不上操作能力的训练和解决实际问题能力的提高。部分高校投资建设校内实习基地，但因后期投入不足，建设又慢，尤其是高等学科，发展日新月异，单靠高校自身的力量是很难满足社会对人才的需要的。有些校内实习基地为了生存，改为“以生产为主、以教学为辅”的经营方式，靠生产经营维持办厂，但实训质量得不到保证。

3. 实习经费投入不足

由于大部分高校近年来实行大幅扩招，学校条件难以满足规模扩大的需要，办学经费更是捉襟见肘。由于高校实习受经费限制，多数实习采取了就地就近的原则进行。近年来，各高校为了节省经费纷纷出台了一系列相关措施，如学生自主联系实习单位，进行分散实习；学校及学生共同承担实习费用；部分学生实习等。高校这样做虽然有迫于办学经费紧张的客观原因，但客观上确实严重影响了学生实习、实训的效果，带来了一些负面影响，如部分学生实习的单位和本专业根本不对口；实习时间得不到有效保证；实习内容大打折扣；等等。有的学生因为家庭困难，而外出实习需不同程度自负经费，因而不愿实习或不能安心实习。个别学生本身不喜欢动手，在实习过程中不主动，为了完成实习任务而弄虚作假等。有些基地虽然实习条件很好，但远离学校，因经费不足更显得力不从心。

4. 实习指导教师能力有待提高

教学实习的实施，一般情况下是由指导教师现场指导的。指导教师可以是学校教师或由实习基地的专、兼职工程技术人员两者共同组成。从学校的指导教师来看，近些年来，由于扩招，大量的青年教师走上教学岗位，他们大多因刚刚迈出大学校门，就进入了紧张的教学工作中，本身的专业知识和实践能力未能得到强化，实践动手能力有限，加之不注重或者还没有机会进行实践能力的锻炼和提高，因此难以胜任教学实习指导；从校外基地指导能力看，有些企业不安排专职的且工程经验、管理经验丰富的实习指导人员。特别是生产类实习，学生进入工厂企业，就由在岗的生产技术人员边生产边指导，不系统，学生只能在不影响企业正常生产的前提下，去寻找“学习机会”，校内的教师由于并不完全熟悉企业生产情况，对学生的指导和帮助也有限，这样的教学实习环境和条件，造成学生进入实习基地的时间没有得到充分利用，实习收获甚微，学生逐渐失去了实习的兴趣，甚至产生厌烦心理。

5. 部分学生对实践教学的重视程度不够

由于实习安排不可能适合每个学生的口味和专业特长，加之不少学生只想各种考试能顺利过关，往往忽视实践教学的重要性。在实践教学活动中学生本身对实习单位的工作人员也不是很熟悉，不敢大胆地跟指导人员交流沟通，只是根据自己已有的知识和经验，通过自身的实践活动得到专业技能和动手能力的提高。在实践过程中，无论知识经验的获得，各种实践能力的提高，还是心理素质的增强，归根到底都要通过学生自己的积极思考和勤奋实践来获得，指导教师无法代替他们的主体位置。目前，部分学生对一些实践环节并不重视，特别是毕业实习，客观要求必须和学生所学专业紧密结合，但有些并不想以后从事实习所在单位的工作的学生，错误地认为到这里实习是浪费时间，不能学到对自己有益的知识，对实习敷衍了事，由此而影响实习的整体效果。

（二）实践教学基地建设的基本原则

实践教学基地是在学校资源的基础上，借助社会力量，实现校企合作办学的有效手段，是高等学校贴近企业、服务社会的主要渠道。因此，实践教学基地的建设必须以充分利用校内外教学资源为基础，以提高教学质量，实现“合作双赢”的目的。

1. 以培养学生的创新精神和实践能力为宗旨的原则

培养学生的创新精神和实践能力是应用型本科高校人才培养目标的具体内容，更是实践教学基地建设的根本目的。应用型本科高校投入巨大的人力、物力、财力建设实践教学基地，根本宗旨就是为了提高学生的实践动手能力和创新精神。

2. 互利互惠、三方受益的原则

三方是指学校、企业和学生。受益，在学校主要体现在人才培养目标的实现和质量的提高上；在企业主要体现在宣传广告作用、人才选拔聘用、技术支持等方面。学生方面，体现在素质和能力的提高、为就业打基础。实践教学基地的功能与建设应有利于加快企业发展，提高企业人员素质、技术和管理水平，增加企业经营效益，提升企业的形象。同时，企业的发展也可以反馈于专业教学，使其人才培养体系、教学改革有的放矢。校外实践教学基地建设是学校与基地所在单位的双边活动，学校具有科技和人才优势；学校具有科研设备先进、信息灵通的优势，有较强的科研能力；生产单位有广阔的实习实验场地、先进的生产和经营手段，以及较强的生产能力，且生产人员有丰富熟练的生产技能。

3. 教学、科研、生产三结合的原则

实践教学基地的建设将很快成为“产、学、研”结合的重要场所，是学校与社会联系的桥梁，将积极探索实践教学改革和人才培养的新模式。为了更好地满足企业和社会对人才的需求，学校应根据实际专业建设和学科发展以及区域经济社会发展的需要，开展应用科学研究，积极应对实践教学基地中的关键技术问题。不仅应将科研与教学实践和人员培训相结合，而且应与技术创新、管理创新和企业经济效益的提高相结合，以帮助企业做大做强。企业利用高校的实践教学基地，擦亮吸收新观念、新技术、新管理的窗口，借助高校科技之力，实现思路、产品、服务和效益的全面创新。

4. 先进性、职业性和综合性相结合的原则

面对新时代社会对人才需求的挑战，基地建设必须与科学技术的发展保持同步或前进，同时，最好选择技术力量雄厚、生产任务充分、科学规范的管理、人才需求大、与学生专业学科紧密结合的企业。校外基地应该能够展示新的生产和管理成果与模式，具有区域代表性，并能够反映现代科学技术和现代管理发展的新方向。为了联系合作方便和减少经费，实践基地建设还应坚持因地制

宜和就近原则，这样可以节约大量交通费用。

（三）实践教学基地建设的基本措施

1. 高度重视，加大投入

应用型本科高校要高度重视实践教学基地建设，这是由应用型本科高校的人才培养目标定位决定的。应用型本科高校致力于培养高级应用型人才，注重由掌握知识到应用知识的转变，重视学生应用能力的培养。这就要求应用型本科高校必须转变原有的传统大学的培养模式，将实践教学放在重中之重的地位。加强实践教学基地建设，是加强实践教学的前提条件。无法设想，没有完备的实践教学基地，就没有高质量的实践教学。

重视实践教学基地建设，就是要将实践教学基地建设列入应用型本科高校的重要议事日程，与理论教学一起部署、一起安排、一起检查。坚决杜绝对实践教学基地管理教师的轻视和忽视现象，像重视理论课教师一样，重视对他们的培训、使用和管理。对实践教学基地建设要像理论课程建设那样制订规划，拟定长远的发展战略。

2. 明确权利和义务

校外实践教学基地由于是与企业等单位共建，因而在建设过程中必须明确彼此的权利和义务，既保证高校实习实训的质量，也保护企业的合法权益，以实现实践教学基地建设的可持续发展。学校、学院与实践教学基地共建单位应承担的义务以合同的形式确立以维护双方的利益，确定双方的权利、义务和责任，维持基地的长期稳定性，确保实践教学质量，规范学生参加基地生产活动的过程，明确指导教师、责任教师及管理教师的职责。

3. 规范建设程序

要建好实践教学基地，必须规范相关建设程序，以使实践教学基地建设走上正规化的道路。从实践教学基地的建立程序上一般院校都按以下程序进行。

（1）申请

有关专业所在院（系）在对待建设实践基地初步考察的基础上，与实践基地依托单位初步协商，达成建立校外实践基地的初步意见，然后填写“校外实践教学基地申请表”，报学校主管部门。

（2）学校考查论证

学校主管部门（教务处）接到申请后进行初审，并确定时间由学校组织有关人员到实践基地现场考察论证，核查是否符合建立实践基地的条件以及设立实践基地的必要性。论证通过后报教务处或分管校长批准。

（3）签订协议

申请经学校批准后，学校或学院与实践基地依托单位签订建立校外实践教学基地协议书。协议书应包括：双方合作目的；实践基地建设目标与收益范围；双方权利和义务；实习师生的食宿、学习、交通等安排；协议合作年限等项目。协议要一式三份，分别由教务处、实践基地、学院保存。

4. 分类指导，重点建设

目前，应用型本科院校的教学管理基本上是校、院两级管理。为适应这种情况，实践教学基地的建设应分为不同层次，以不同类别为指导，重点建设。每个学院（系）都着重于与其学科密切相关的专业实践教学基地的建设。这种实践教学基地是高度专业化的，并且具有单一的任务，而这通常是不可替代的。教学单位与这些基地密切相关，很容易建立“产、学、研”共同体，形成“产、学、研”合作联合教育机制。对于这样的基地，教学单位通常会自己建造，而学校只需要提供必要的政策支持就可以了。

从学校层面来说，我们应该着重于建设一些学校层面的实践教学基地。应用型本科院校应根据其学科和专业特点，建立一定数量的综合性实践教学基地。这样的基地规模大、设施齐全、产业链条长，可以接受许多专业的实践培训。对于重点实践教学的基地学校，要制订良好的建设计划，投入必要的人力、物力和财力，改善实践教学条件，密切与共建单位的关系，充分发挥其作用。

以天津科技大学实践教学基地的建设为例。他们为了加强对基地的控制和管理，以及有效合理利用并共享资源，将实践教学基地的建设划分为专业级、院级和校级三个等级。规定每年接收学生人数不少于本专业全体学生的四分之一、学生实践学时数总计不少于 100 学时，计算方法为 10 学时 /（15 人）周；若专业按 60 人计，其总计为 40 学时周的实践教学基地，可列为专业级实践教学基地；每年接收学生人数不少于学院全体学生的四分之一、学生实践学时数总计不少于 500 学时（计算方法同上）的实践教学基地，可列为学院级实践教学基地；能够为不同学院提供各种实习和实践服务、每年接收进入实践基地实习的专业个数不少于 10 个且接收实习的学生人数不少于 600 人、学生实践学时数总计不少于 1000 学时（计算方法同上）的，可列为校级实践教学基地。这种分类指导、重点建设的办法，能够保证实践教学的顺利进行。

第二节 新商科实践教学基地管理

一、校内实训基地管理

（一）明确实训目标和任务

各专业在建设校内实训基地时，均需明确本专业学生应具备的核心能力，因此，既然要投资要建设就要把钱花到刀刃上，所购置的软硬件一定要吻合人才培养的目标，在建设初期要深入企业，了解当前企业的技术水平和工人的技能要求，以使所配置的设施设备要跟上时代的要求。

在明确了各专业实训目标的基础上，要合理考虑经费的投入，采取分阶段逐项投资的方法，确定实训室的面积、布局，设备的型号，教学软件的科类等问题。根据专业性质的不同，校内实训室可分为真实场景实训室、虚拟实训室两种真实场景。实训室是指所购进的设施设备是企业真实采用进行生产的设备，可直接进行操作和生产，这种实训室更像校园工厂，但是要想建造一个成功的真实场景实训室必须注入巨大资金，因为要考虑场地面积、设备型号、数量等多种现实问题；虚拟实训室是指运用教学软件和设备模型来满足教学要求，教学软件既可是软件公司针对专业特色模仿企业流程的操作软件，也可是企业真实应用的软件，而模型是列为参观了解的实物，虚拟实训室在一些商科类的专业中有着广泛的应用，如物流管理、营销策划、电子商务教学软件的应用、物流设施设备的模型等。虚拟实训室的开发必须依托信息技术和网络技术，要有巨大的数据库的支持。

（二）明确主干课程实训、专项实训和综合实训

各专业实训教学的展开，必须确定专业主干课，每个专业通过对院校调研、专家咨询、毕业生岗位调查等手段来确定主干课。从分析各界毕业生的就业去向、各专业的航业岗位群着手，确定专业的培养目标，根据其相关岗位所需要的专业素质、专业能力和专业技能等要求构筑实训课程体系，展开实训教学。设置人才培养计划时，需要对这些主干课加大课时量，在课程讲授过程中利用校内实训室对相应的技能进行实训，实现边学习边动手、边理论边实践的结合，从而在“学中做”“做中学”，达到“做”“学”结合的目标。实训不仅包括

课程实训，还包括专项技能实训和综合实训。各种实训形式要分阶段、分层次，采用先易后难，从专项到综合、循序渐进的方式进行。无论何种专业何种形式的实训，一定要解除学科体制的束缚，避免学科体系中重理论、轻技能的弊端，根据企业行业岗位需求，开发各种实训项目。

（三）大力培养“双师型”教师

应用型本科教育课程观强调一体化教学，因此“双师型”的教师在其中起着重要的作用。校内实训室硬件条件具备后，还必须有既懂理论又懂实践的教师对学生进行现场指导。

“双师型”素质教师的重要性毋庸置疑，但目前多数高校这类高素质的教师所占比例并不高，为适应现代教育的新要求，高校必须通过多种形式鼓励中青年教师到各大企业顶岗实习，通过至少半年以上的实际锻炼来提高教师的实战技能水平，在掌握了充分的理论知识的基础上又具备实践动手能力，这样，“双师”素质教师在指导学生实习、实训的时候就更具说服力了，而具备“双师”素质的教师从教也会更加得心应手，因此，各高校必须制定一些政策，鼓励中青年教师转型为“双师”教师，或者从企业引进一些能工巧匠，来提高自己的“双师”比例，应用型本科院校要想更快更稳的发展，非此不可。

此外，管理手段、体制和方法的创新也同样重要，利用率相对较高的校内实训室必须采用多媒体、信息技术，实现网络化管理。总之，校内实训基地的建设是一个巨大的工程，非一朝一夕可以完成，必须有步骤有计划地逐项完成，因此也必须有脚踏实地的务实精神。

二、校外实训基地管理

（一）加强实践教学的运行管理

为了能够有效管理校企合作的实践教学，高校可以邀请领导和学者、政府主管部门、行业协会、企业（尤其是各专业挂牌校外实习基地企业）等的专家共同组成专业管理委员会，凡是加入专业管理委员会的专家，高校都应该向他们颁发聘请证书。在建成专业管理委员会之后，为了使实践教学效果更加显著，应该每年都召开一次或者两次会议，并且这个专业管理委员会要每隔两年换届一次，只有做到了这些，才能使其成为连接用人单位和高校的纽带。在教学内容和课程安排上，委员会成员们要给予比较中肯的建议，对高校的教学工作和教学计划进行必要的指导，同时还应提供一些专业的咨询服务，为专业建设方面贡献自己的一分力量，从而让学生在各方面都能更加接近用人单位和社会的要求。

各高校应把握住校企合作的优势，紧密联系起实践教学和专业教师，经常安排一些教师去企业参观和实习。经过一段时间的磨炼之后，教师就能够将生产一线的新方法、新工艺以及新技术传授给学生，这在一定程度上对学生的实践教学工作也有所帮助，同时也为接下来的教学工作打下坚实的基础。

此外，对于那些取得较好实践教学成果的专业和系部，各高校还应给予他们适当的奖励，并对他们取得阶段性成功的经验和做法进行总结与推广。同时，还应制定相关制度来对各个专业开展的实践教学进行规定，这也会对实践教学的开展起到一定的帮助作用。

（二）合理构建实践教学考核评价体系

一般情况下，创新都是在实践的基础上进行的，所以，各高校应该将培养的重点放在大学生的创新能力、实践能力与学习能力上，加强对他们各方面能力的培养，让他们的素质、能力和知识得到协调发展，并且将国家的发展需要以及学生的全面发展放在首位。

首先，从学生心理发展的现实出发，根据学生的实际情况进行教学，对于制订的相关培训计划和措施要有较强的针对性，在新制度下，应尽快建立相关机制来保障学生能力的成长，以便最大程度地去支持学生的实践和科研活动，在不对学生的学业产生影响的情况下，鼓励学生去自主创业。要在师生之间树立起人人平等的意识，摒弃以往对学生“束、压、灌”的行为。

其次，鼓励教师对相关教学方法和教学内容进行摸索，并试着去进行改革，同时还应尝试着在课堂教学中融入信息技术、多媒体技术、案例教学、外语等。由于听课形式、听课时间、了解学科知识的程度、持有的观点和立场都是因人而异的，这就使得所得到的加权结果无法将每名学生的真实水平都体现出来，是非常不合理的。因此，管理部门只需要做好投诉检查与监控性抽查等一系列例外评估即可，学生需要做的就是相对比较重要的实践教学的常规评估。

对于管理部门来说，维护好双方的权益，对事实进行澄清就是投诉检查的重中之重，进行检查的时间主要是根据收到相应投诉申请的时间来决定，这样做的目的就是更好地解决教学质量问题。至于监控性抽查，只有在发现了一些特殊情况之后，才需要提出相关意见，只有发现了教务重大的教学质量问题，该结果才不会用作评估分数的基础。

此外，在进行年终考核时，还取消了上级和同行评议，并且学生随时都注意教师的行为，并对他们的行为进行不带任何功利性的检验。由于学生长久以来对教师的这种约束，所以学生对教师做出的相关评价才更加的客观和真实。只有在实际情况和考核结果相一致的情况下，才能使教学考核真正对教师起到激励的作用，才能真正提高教学质量。同理，这种方法在实践教学方面也同样适用。

第七章　新商科实践教学——电子商务

随着新商科概念的提出，我国许多院校的电子商务专业已经无法适应社会经济发展的需要，必须对电子商务人才培养机制进行改革。本章主要包括电子商务市场人才需求与人才培养分析、电子商务实践教学建设、电子商务实践教学配套设施的建设三部分。其主要内容包括现行电商人才培养方案分析、电子商务行业整体概况、电子商务专业人才需求调研、电子商务专业实践项目及课程开发总体思路、电子商务专业毕业综合实践项目开发与实施、校企合作人才培养的运行模式、电子商务专业配套专兼师资条件、电子商务专业配套实践实训条件、电子商务配套运行经费条件建设等方面。

第一节　电子商务市场人才需求与人才培养分析

一、现行电子商务人才培养方案分析

电子商务人才培养模式与管理是电子商务特色专业建设项目的核心内容，其从分析当前高校制订人才培养方案的现状入手，探讨当前普遍存在的问题和不足，对进一步改革和推广有效的教育教学模式，始终把握“以就业为导向”的重要坐标，对进一步提高高校培养的电子商务人才类型、水平、质量与社会需求规格的匹配度，具有十分重要的意义。

（一）人才培养方案制订的影响因素

1. 应体现高校学生的特点

由于我国地域辽阔，不同地区的高校存在着明显的生源特点差异，主要体现在智力类型和智力水平两个方面。因此，高校在制订人才培养方案时应摆脱

传统高等教育思想观念的束缚，将实践动手能力教学重心上移，理论知识教学重心下移，重在培养学生的实践动手能力，同时还要充分考虑学生的特点。例如，实践动手能力和形象思维能力较强，而判断能力、逻辑思维能力和接受理论知识的能力较弱等。积极推进“现代师徒模式”实训工作进程，从而使人才培养方案的制订充分体现出高校学生的基本特点。

2. 应突出对学生的素质教育

德国企业界于20世纪80年代提出了“关键能力”的概念，认为心理能力、生存能力、合作能力、公关能力、协调能力、解决矛盾的能力等都是高校人才的关键能力，给高校教育注入了新的内涵。目前，国内现代化大企业正在与国际接轨，这些能力在人才的综合素质要求中所占的比例日益增长，现如今已经达到了70%左右，对员工的素质要求越来越高。例如，爱岗敬业、职业道德、吃苦耐劳、语言表达能力、精神文明等。因此，许多高校在建立人才培养体系时，不仅融入了社会实践、企业文化、校同文化等，还将身体素质教育、人文素质教育、思想政治素质教育、专业素质教育等纳入了体系中，从而实现了四项结合：一是显性教育与隐性教育相结合；二是校内教育与校外教育相结合；三是课内教育与课外教育相结合；四是必修课与选修课相结合，从而形成以服务育人、管理育人、教书育人为核心的“全员育人”职业素质教育新体系。

3. 应遵循高校教育类型特征

近年来，我国高校教育发生了一定的转变，即从知识层次逐渐转变为应用技能类型，应用型本科的建设和发展获得了人们高度的关注。在高等教育发展的过程中，应用型本科作为其中的一个类型，不仅在我国加快推进社会主义现代化建设进程中具有不可替代的作用，还肩负着培养面向管理、生产、服务第一线需要的高技能人才的使命。因此，高校在制订人才培养方案时，应遵循教育的类型特征，能确保其不会偏失方向。

4. 注重学生职业能力和创新能力的培养

人才培养方案应将重点放在培养与职业岗位相对应的职业能力上，建立满足学生需要的校内外实训基地，严格遵守应用型本科教育的职业属性特征。分析新常态下电子商务发展趋势与人才需求的岗位能力，注重学生的动手能力和操作能力，适应市场对人才需求的变化。传统的教育模式更多地关注学生学会了什么，而忽略了在教学过程中应更多地关注教会学生怎么做，既无法体现高校教育的特色，也不符合高校教育的基本目标。我们应牢牢把握创新的基本原则，注重培养学生的创新能力、创新精神和创新意识，把创新教育贯彻到人才培养方案的全过程，从而培养出适应生产、管理第一线的，具有较高文化层次的技能型、技术型人才。

由此可知，在人才培养的过程中，高校应充分利用创新的理论和理念指导学生，用创新的成果和作品激励学生，用创新的精神和实践锻炼学生，用创新的舆论和氛围引导学生。

（二）普遍存在的问题和不足

1. 脱离自身校情

尽管应用型本科发展迅速，但各个院校都应努力探索适合自己的发展之路。近年来，受澳大利亚、英国、德国等国家以及国内部分高校成功的影响，我国一些院校盲目坚持照搬国外或外校模式，坚持“西为中用”“拿来主义”的思想，不顾自身校情，最终陷入了发展的困境。

另外，人才培养方案与市场需求脱节，高校在制订人才培养方案时，更多是从学科专业的角度去设定学生所应具备的基本专业能力，缺少对未来电子商务行业内具体岗位的预见和把握，以及对电子商务市场的发展现状和未来趋势的研究，由此造成高校人才培养模式与市场需求相脱节。同时，当前很多公司、企业对电子商务的应用意识不强，高校学生的就业去向是中小型企业，这类企业对如何循序渐进地实施电子商务战略还缺乏足够正确的认识，企业信息化程度还不高，由此学校对如何继续培养和使用电子商务专业的毕业生缺乏合理的方法，这也加剧了电子商务专业毕业生学无所用、学无所成的尴尬程度。

电子商务的发展十分迅速，因此其也具有较大的人才需求，但是目前电子商务的人才需求还有待完善，人才的供需求上存在着一定的矛盾。造成这一供给矛盾既与无法完全满足市场用人需要的社会培训体系相关，又包括企业自身的原因。当职位空缺与社会供给发生矛盾时，企业往往选择宁缺毋滥，造成这种现象的原因主要是企业对电子商务业务中的客户关系管理十分重视，担心员工为客户带来较差的体验，妨碍企业的深度发展。另外，由于学生对企业素质、能力、岗位知识等方面的要求了解甚少，从而导致学生培养脱离了实际需要，同时企业也没有将新员工融入企业的磨合期上移到学校，忽视了对高校资源的利用，从而加大了招收新员工的成本。

2. 专业定位不明确

电子商务是个新兴行业，电子商务专业的开设一般也晚于其他传统专业，电子商务行业市场对人才的需求相对于传统专业，具有多样性的特点，需要的是不同类别、不同层次的电子商务人才。近年来，我国部分高校在开设电子商务专业的过程中，由于对国内电子商务专业的理论体系、培养模式，以及市场需求等方面缺乏理论研究和实践，缺乏严格而科学的论证，从而使得学校在设置电子商务专业人才培养目标时定位不准、方向不明。例如，培养的是商务型的电子商务人才，还是技能型的电子商务人才？对这个问题，高校在制订人才培养方案时虽均有提及，但过于空泛，难于实施，同时也缺乏相应的科学评价和保障措施。在这种情况下，许多高校培养出来的电子商务人才，必然缺乏针对性和适应性，从而出现了就业率与市场需求不成比例的现象。

由于对市场需求的研究不够充分，各高校大多根据自身条件和对电子商务市场的理解，对电子商务专业进行定位，以区别其他专业，如物流、营销、贸易、管理、信息管理等专业，设定电子商务专业在所有招生专业中的位置，然而由于行业不同，企业亦有不同，所以市场对电子商务专业人才的需求也具有多样性。因此，高校在开设电子商务专业的过程中对电子商务培养目标、培养模式、理论体系等方面还缺乏理论研究和实践，造成人才培养方向不明确、专业定位模糊。专业定位不明确，直接的结果是培养的人才难以满足企业的需要。

3. 课程体系不合理

课程体系是学校根据教育目的而设计的教育教学内容的具体结构。课程体系的合理性，对人才培养方案的实施与培养合格的专业人才具有重要的意义。加强基础理论课程，加强文理学科的相互结合和渗透，重视学生综合素质的提高是国外高校课程改革的趋势。借鉴国外高校课程改革的理念，应尽量避免纯科学主义和专门职业化的教育，要“以人为本”，进行通才教育，而这一点在国内高校的人才培养方案中并没有得到广泛的认同，国内高校的人才培养为了避免通才教育的一些缺陷，着重强调专门职业化的教育。从理论的角度而言，高校教育的课程体系必须重构，使其与实际的工作过程相结合，从传统的学科性的课程体系中解放出来。但是，在重构高校教育课程体系、教学方法与途径、教学内容，以及探索产学结合、校企合作等方面，与职业工作的实际需要仍有一定的差距。

4. 实践培养环节薄弱

电子商务专业作为一个具有较强实践应用性的专业，其专业实践教学主要有两种方式：一是校外实习；二是校内实验室的模拟教学软件的使用。由此可见，高等教育应该不断地完善教学过程中的实践环节，以减少资源浪费，并将有限的资源有效地投入实践环节，由此提高学生的学习兴趣，提高教学效果。

目前，很多高校都已经建立了相应的电子商务校内实验室，但实践教学效果并不理想，主要是由于电子商务行业发展太快，模拟软件功能不完善，与企业实际应用差距很大等因素造成的，学生的实习大都在虚拟的环境中操作，对应用于未来的实际岗位还存在明显的不足。

校外实习是对校内实验不足的一个重要补充，很多学校也都纷纷建立自己的电子商务校外实习基地。需要注意的是，我国大多数中小型企业的电子商务应用仍处于初级阶段，即停留在企业信息发布、网站建设、域名注册等层面上，没有真正实现网上业务处理、网络交易等，所以尽管学校建立了校外基地，但学生实践性学习效果的提升还是一个需要不断改进的过程。

5. 实训师资力量滞后

教育部在 2000 年才开设了电子商务本科层次教育，不难理解，我国高校从事电子商务教学的教师更多的是从事经济管理、市场营销、企业管理、国际贸易、计算机等专业的教学和研究，对电子商务没有深入研究，处于学习、探索的阶段，缺乏在企业从事电子商务的实践经验，在该专业方面的项目研究较少。因此，师资力量的薄弱，尤其是实训师资的滞后，直接导致电子商务专业的教师在教学过程中存在明显的困难。

虽然，实训师资的重要性已经得到普遍的认同，但是在实训师资实际培养上还存在诸多问题。

①投入少，培训力度不够。目前针对学校实训师资队伍的培训力度远远不够，针对专业实践技能的培训也少之又少，派遣实训教师到企业中锻炼学习大多流于形式。同时，由于缺少应有的重视和资金支持，教师缺乏对职业技能培养教学方法的研究和提高自身职业技能的动力，使得在实训师资队伍建设上严重滞后于教育发展的需求。除此之外，我国部分高校在实训师资队伍质量建设上，忽视了对实训师资职业能力的培养与考核。

②缺乏有效的管理、考核和激励措施。由于实训师资在数量和质量上的问题，很多高校还没有制定和实施适合实训教师工作特点与要求的管理措施，既不能准确衡量教师的贡献，又不能有效地进行实训教师的专业培训，从而无法对他们实施有针对性的激励措施。

6. 教材建设与教学方法改革力度不够

教材建设工作是整个高校教育教学工作中的重要组成部分，早在 2000 年教育部高等教育部就提出具有高校教育特色的教材极其匮乏，教材建设仍落后于高校教育的发展需要。由于高校的内涵、特征缺乏深刻、全面的理解与把握，投资和重视相对不足，至今没有建立科学系统的高校教材体系，因此大多数的高校专业只能借用传统模式下的本科、专科教材，而实训教材更无可借用，只有各校自编教材，从而导致教材无法贴近高等教育“技能型人才”的培养目标。

同时，电子商务专业开设的时间相对较短，电子商务市场的发展又十分迅速，使得电子商务专业的教材建设问题更为突出。从相关专业引进的教材或是稍加修改的教材，存在明显重叠、系统性不强、缺乏针对性等问题。根据高校电子商务专业课程建设体系，建立一套适合于高校教育的规划教材是非常重要和迫切的。

目前，已有很多高校规划教材出版，但多数是在原来教材基础上添加了实例，系统性不强。因此，也影响到教学方法改革的深入实施，如过于理论化的教材，还不适合采用“项目驱动式”“任务驱动式”等案例教学法的教学改革模式。因此，在进一步加大教材建设力度的同时，还需要充分考虑教材建设与教学方法改革的协调，为增强教学效果提供有效的支撑。

7. 顶层设计与细化管理不匹配

一所学校的发展离不开科学的顶层设计，同时也离不开细化的管理。顶层设计必须科学合理、可操作性强，细化管理必须落到实处。科学的顶层设计是实施细化管理的前提，细化管理又是落实顶层设计的保障。从顶层设计开始，分析人才培养与市场需求、明确专业定位、合理建设课程体系。加强实践环节和实训师资力量的培养，在此基础上再细致分析高校电子商务专业人才培养中的职教理念、就业岗位群、能力结构等因素，深入研究并结合实际，设计电子商务专业在校企合作、教学改革、“双师”培养、学生创业等方面的职业标准。然而，高校在教学改革课题研究等方面注重顶层设计规范，却在底层细化管理上实施不到位，质量监控不够，效果不明显。所以，科学的顶层设计和密切配合的细化管理，是学校健康发展的必然要求。

（三）人才培养方案制订的意义

1. 制订体现高校教育类型特征的人才培养方案

高校教育作为高等教育的一种类型，自有其不可替代的类型特征。它的类型特征表现之一为具有很强的职业岗位针对性。在制订人才培养方案的过程中，应根据高校教育的类型特征，从高校教育基本规律和职业成长规律出发，紧紧把握以就业为导向、重点培养学生的职业能力这条主线，设计和制订体现高校教育类型特征的人才培养方案。

2. 实行人才培养的顶层系统设计，向细化管理要质量

对于高校电子商务专业的教育来说，各个部门应不断组织学习教育部颁布的相关文件精神，转变高校教育理念，通过聘请国内相关高校知名专家来校指导，以顶层系统设计和完整体系改革建设为动力，构建具有专业特色的“产业 + 企业 + 专业”的校企共建专业模式，“双证融合、情境教学、工学结合”的人才培养模式和模块化课程体系。在顶层系统设计完善的情况下，如何落实学院的顶层系统设计，向细化管理要质量，就是该项目建设的最重要的意义。

二、电子商务行业整体概况

（一）传统产业电子商务应用不断深入

近年来，电子商务已逐步渗透到人们生活的方方面面。传统工商企业纷纷涉及电子商务领域，如生产资料批发市场先后建立了商品网上的交易平台；传统零售企业先后建立零售网站；部分小商品批发市场的经营户开始由实体销售向网上交易转型。同时，由于农产品网上交易日趋频繁，品牌制造企业开始建立自主销售平台，推动了同城购物的稳步发展。

（二）电子商务支撑服务取得重大突破

随着各大银行陆续推出的网上支付业务，如以支付宝为代表的第三方支付平台。支付、技术、物流和认证等支撑服务体系的突破性发展与电子商务的快速发展相互促进，有效解决了网络信用和支付安全问题。现如今，支付宝已成为全球最大的第三方网上支付平台，使用商家超过 46 万。

随着技术研发日趋成熟，各类新兴技术不断涌现，如自然语言、物联网和云计算等，有效解决了数据服务、计算能力、存储空间等的瓶颈问题。近年来，物流领域已形成“五条省际物流通道”“四大物流聚集中心”“六大物流走廊”，特别是快递业迅速兴起，为网络零售快速发展提供了物流支撑。

（三）产业规模和专业化程度发展快速

我国电子商务呈现快速发展的良好态势。近年来，我国电子商务形成了不

同业态互动发展，即企业自建零售平台（B2C）、第三方零售平台（C2C）、企业间电子商务平台（B2B）等领域均涌现出一大批专业化电子商务企业。例如，淘宝网用户总数达 7.55 亿人，是全球最大的网络零售平台；阿里巴巴的业务辐射 190 多个国家和地区，是目前全球最大的企业自建零售电子商务平台。依托块状经济优势，团购、网上竞拍、众筹、共享经济等新型业态不断涌现。

（四）经济社会各领域电子商务加快应用

现如今，我国社区服务、教育、旅游、文化产业、数字出版等领域纷纷采用电子商务手段提升行业服务水平。以浙江省为例，该省相继建成了一批数字艺术馆、数字博物馆、数字图书馆，现有从事网络游戏运营和相关增值服务企业 49 家，省内主流传统媒体已基本实现数字化服务。除此之外，该省已有八个地级市开通了社区服务电子商务平台，社区电子商务全面推进，各大旅游景点依托互联网开展了旅游住宿、餐饮、票务等网上营销，各类中介服务也陆续开始实行了网上预订，带动了农村电子商务的应用。

（五）国家大力支持农村电子商务和跨境电子商务发展

长期以来，“三农”问题一直是国家工作的重中之重，发展农村电子商务对推动农业转型升级、促进农村经济发展、提高农民收入意义重大。国家对农村电子商务的发展也给予了大力的支持，出台了一系列政策，包括：《关于促进电商精准扶贫的指导意见》《国务院办公厅关于促进农村电子商务加快发展的指导意见》《国务院办公厅关于支持返乡下乡人员创业创新促进农村一二三产业融合发展的意见》《推进农业电子商务发展行动计划》《关于协同推进农村物流健康发展加快服务农业现代化的若干意见》《关于深化农商协作大力发展农产品电子商务的通知》《关于开展 2018 年电子商务进农村综合示范工作的通知》等。

跨境电子商务是互联网行业飞速发展下的时代产物，在稳外贸、稳企业、促数字化转型等方面发挥了重要的作用。整个社会对跨境电子商务关注度也在不断提高，跨境电子商务实现了从传统区域贸易到无国界贸易商业模式的重大演变，国内多地跨境电商发展也普遍从最初的试水步入全面发展期。国家对跨境电商的发展也提供了一系列的政策支持，包括：《关于促进跨境电子商务健康发展的指导意见》《国务院关于同意设立中国（杭州）跨境电子商务综合试验区的批复》《国务院关于同意在天津等 12 个城市设立跨境电子商务综合试验区的批复》《国务院关于同意在北京等 22 个城市设立跨境电子商务综合试验区的批复》等。

（六）电子商务发展环境不断改善

1. 发展软环境不断优化

随着电子商务的迅猛发展，国家出台了一系列的战略和政策支持电子商务的发展。2015 年，国务院 5 月 7 日发布《关于大力发展电子商务，加快培育经济新动力的意见》，2016 年 12 月 24 日，商务部、中央网信办和国家发展和改革委员会三部门印发了《电子商务“十三五”发展规划》。2018 年 8 月 31 日，十三届全国人大常委会第五次会议表决通过了《中华人民共和国电子商务法》，自 2019 年 1 月 1 日起施行，我国电子商务的发展从此进入有法可依的时代。

2. 电子商务人才培育力度加大

自 2000 年教育部批准设置本科教育层次的电子商务专业以来，我国已有 456 所院校开设了电子商务专业。针对当前跨境电商的发展，在教育部公布《普通高等学校本科专业目录（2020 年版）》中，跨境电商成为新设的 51 个专业之一，杭州师范大学钱江学院等全国 7 所高校获批开设该专业。

三、电子商务专业人才需求调研

（一）我国电子商务人才需求现状

网经社电子商务研究中心发布的《2018 年度中国电子商务市场数据监测报告》显示，2018 年我国电子商务交易规模为 32.55 万亿元，电子商务服务企业直接从业人员超过 350 万人。从企业规模、用户规模、交易规模等方面来说，零售电商都在电子商务中占有较为重要的位置。

从《2018 年度中国电子商务人才状况调查报告》来看，目前各类电子商务企业仍然具有较高的人才需求，对于企业来说，其对于人才的需求更加看中专业能力，更青睐复合型人才。例如，从企业对电子商务人才的需求类型上来看，对于个人与个人之间的电子商务（C2C）网店来说，销售是首要职能，在职能重要性排序中占到 79.7%。一般情况下，掌握网络营销技能的人才需求量要远远大于懂电子商务专业技能的人才。因为市场急需的复合型人才，需要宽广的知识面，如物流、网络、外语、外贸等，而电子商务业务本身需要一定的社会阅历与行业知识，因而培训机构进行教育和培训时，更加注重从实践中进行能力的培养。

因此，对于高校的电子商务专业教育来说，必须加强对学生实践能力的培养，更好地与企业需求对接，既满足企业的用人需求，又顺利解决学生的就业问题。

（二）我国对电子商务人才的需求现状

1. 电子商务人才需求层次

①高层次的管理人才。这类人才熟练地掌握了电子商务发展的特点，能够从战略角度上对其进行分析，而企业普遍需要能够运筹帷幄，通晓电子商务全局的人才精英。

②应用层次的人才。特别是销售和服务等部门的人才，这一层面的人员并不是最庞大，他们需要发挥自己的优势把电子商务开展起来。

③技术层面的人才需求，他们需要懂得怎样做电子商务，并且通过有效手段使电子商务能够实施起来，在网站建设、网页制作等方面发挥作用。

除此之外，因为电子商务是一个复合体，它包括产品服务、商业流程、信息技术等多个方面，从而决定了它需要综合性的人才，这就要求在培养电子商务人才的过程中，必须充分了解企业电子商务的需求，树立多元机制，培养多类和满足不同层次的电子商务人才。

2. 电子商务专业对应的职业岗位分析

（1）电子商务岗位层次

企业对电子商务人才需求的层次是不同的，不同层次的电子商务人才可以适应不同层次的企业需求，具体可以分为以下四种层次。

①技术型商务人才。这类人才的特点是能够熟练掌握电子商务的最新进展，精通电子商务技术，属于基础性电子商务人才。这类人员应着眼于模块设计、数据库建立、网络建设、系统管理、程序开发、主页制作等技术层面。

②商务型电子商务人才。这类人才的特点是必须精通现代商务活动，只需要懂得电子商务的具体内容，掌握如何在网络上进行工作，而无须过多考虑技术层面的问题，属于电子商务人才的主体。

③高层管理人员。这类人才主要针对企业和政府部门的高级管理人员，而这一层面的人才往往是最容易被忽视的，我国许多企业对这一部门的重视不够，从而放松了这一层次人才的培养。

④高级电子商务师。这类人才的特点是具有前瞻性思维，通晓电子商务全局，熟知至少一个行业或一种模式的电子商务理论与应用，懂得为什么要做电

子商务，是高层次电子商务人才。

（2）电子商务专业岗位分类

①商务类人才岗位方向细分。一是新型网络服务商的内容服务，代表性岗位包括客户管理、频道推广、网站运营人员、主管、信息管理、频道规划等；二是企业网络营销业务，代表性岗位包括客户服务、网络品牌管理、利用网站为企业开拓网上业务、网络营销人员等；三是电子商务创业，即借助电子商务这一平台直接为虚拟市场提供服务，或是利用虚拟市场提供产品和服务；四是电子商务支持系统的推广，主要负责提供电子商务支持服务、客户管理服务，以及销售电子商务系统服务，代表性岗位包括网站推广人员等。

②技术类人才岗位方向细分。一是电子商务平台美术设计，主要从事文字处理、视频处理、图像处理、平台颜色处理、文字处理等工作，代表性岗位包括网站美工人员等；二是电子商务网站设计，主要从事站点管理与技术维护、电子商务网页设计、程序设计、数据库建设等工作，代表性岗位包括网站设计、开发人员等；三是电子商务平台设计，主要从事电子商务平台安全设计、网络编程、电子商务平台规划等工作，代表性岗位包括网站编辑人员等。

③综合管理人才岗位方向细分。一是企业电子商务综合管理，主要从事企业电子商务建设、管理、运营和整体规划等工作，代表性岗位包括电子商务部门经理等；二是电子商务平台综合管理，这类人才要求其既要具备项目管理能力，又要对社会经济、网络、计算机等具有深刻的认识，代表性岗位包括电子商务项目经理等。

第二节　电子商务实践教学建设

一、电子商务专业实践项目及课程开发总体思路

电子商务专业实践项目与课程的开发思路是结合专业特点而制订的，主要表现在以下几个方面。

（一）开放性、共享性

电子商务是建立在互联网上的专业，具有网络所具备的开放、共享等先天优势，既表现为实践项目的共享性，也更进一步突破以学生为单一的学习者模式，让项目式学习也能够适应中职毕业生、企业员工以及其他社会学习者的自

主学习的需要。

以学习者为主体，架构知识、技能、实践项目递进式自主学习模式，以企业就业和自主创业为导向，开发满足学习者知识、技能及综合实践递进式的自主学习和教学模式。

（二）满足教师或企业开发系统性教学课程的模式

电子商务专业综合实践项目及课程开发的思路，使整个教学开发模式不仅能满足教师开发课程、实践项目的需要，也能适合企业开发培训课程的需要。

二、电子商务专业毕业综合实践项目开发与评价

（一）电子商务专业毕业综合实践项目开发

高校电子商务专业主要有以网络推广为核心的网络营销类岗位群，以运营为核心的网站、网店运营类岗位群，以客服为核心的在线客服类岗位群，以网上创业为核心的综合类岗位群等四大类岗位群，包括网络营销、网络推广、网站运营、网站编辑、网站策划、网店运营、在线客服、电话营销、网店店长和网上创业 10 个核心岗位。开发电子商务专业毕业综合实践项目的第一步就是确定这些岗位的岗位职责。而确定岗位职责的方法是利用人才网，将多个典型企业对同一岗位的岗位职责和任职要求中的专业技能进行综合，从而最终确定这个岗位的岗位职责（岗位技能）。这将成为后续项目开发和课程开发的主要目的性依据。在此基础上，再开发完成与岗位相对应的毕业综合实践项目。每个电子商务专业毕业综合实践项目的内容主要包括五个方面：一是熟悉实习岗位工作业务流程；二是根据实习岗位，发现工作业务流程问题；三是根据问题设计或优化合适的问题解决方案；四是实施设计方案，并评估实施成效；五是完成实践总结报告和技术应用性成果。

（二）电子商务专业毕业综合实践项目评价

毕业综合实践项目评价主要由实践过程考核、项目实践（即策划书或方案或说明书）成效考核、人力评价考核三部分组成，毕业综合实践项目总成绩 = 实践过程成绩（20%）+ 项目实践成绩（60%）（网络评价方式为主）+ 人力评价（20%）。其中实践过程成绩考核由学生所在单位指导教师根据学生的实践表现和应职、应岗创新创业能力评定，用于教学，实习结束由实习单位签署意见，并加盖公章。学校派出的巡视指导教师在对实习学生进行业务指导的同时，

要对学生的实习情况进行考核，并写巡视报告。

三、校企合作人才培养的运行模式

（一）学校层面的工学结合工作管理

以学校建立的校外实习实训基地为依托，将学院培养人才的体系和企业运营体系，在学院教务处和学生处就业办领导下融为一体，形成工学结合的人才培养体系，实现学院与公司在校企合作体制和机制下的对接。

学校层面工学结合、工学管理的主要职责是进行校企合作的总体规划，负责人才培养的总体规划和设计，制订工学结合的人才培养方案，开展产学合作，组织进行基于工作过程导向的系统化课程体系开发，修订和完善工学结合工作管理制度，进行专业和课程评估以及重大工学结合工作改革的项目管理、工学结合工作建设的组织论证和管理、工学结合工作质量保障和监控体系建设、工学结合工作调查研究、特色专业和精品课程建设与管理等，并提供教材和参考书的编写与选用、学习指导以及工学结合工学研究、成绩查询等方面的服务。

学校层面工学结合工作管理职能和服务职能相对分离，协调发展，体现工学管理与行政管理的有机统一。教务处作为工学结合工作管理职能部门，在院长和分管副院长领导下，是全校工学结合组织与协调的中心，是工学管理与行政管理的结合部。同时，将学院层面的工学结合工作管理职能和服务职能适当分流，设置教研教改、工学结合工作运行、工学结合工作督导、业务管理等模块，从而履行管理职能。

（二）系部层面的工学结合工作管理

1. 系主任的工作职责

学校系部与公司在对接产业、服务产业下实现对接，是工学结合工作管理的二级机构，也是工学结合工作管理机构的基本单位。教学办和电子商务教研室全面负责工学结合的工作管理、产学结合、科研工作、社会服务。

①主要负责“产业 + 企业”人才培养方案的制订、各门课程的工学结合教学大纲和工学结合实践大纲的制订、人才培养模式的选择、常规性工学结合工作运行管理、课程的建设与管理、工学结合工作质量监控、学生学籍管理等。

②根据社会发展需求和行业要求，研究、确定本专业的培养目标，本专业与职业岗位群相适应的人才培养规格和知识、能力、素质结构，提出专业发展

规划和建设规划，制订专业建设与课程改革方案。

③积极开展与本专业密切相关的课程建设、师资队伍建设、教材建设等研究，推动、指导本专业工学结合工作方法研究与改革工作，从而促进工学结合工作质量的提高。

④制订本专业实训基地建设规划，制订建设方案，组织实训基地建设、运行管理工作。

⑤制订本专业学生知识学习和技能考核的方法与标准，组织本专业工学结合工作管理的改革经验交流。

2. 专业建设指导委员会的职责

部分专业设立专业建设指导委员会，专业建设指导委员会对各专业建设进行研究、指导，对其工学结合工作质量进行评估、检查和监督。专业建设指导委员会由具有副高以上职称的教师、工学工作部主任、专业带头人、骨干教师和企业一线的高级专业技术人员组成，成员应尽可能拓宽到本行业涉及的各个领域，专业建设指导委员会的职责如下。

①参与并修订工学结合的人才培养方案，并对人才培养方案实施过程中出现的重大问题及时提出指导性意见。

②讨论本专业实训基地建设规划，对本专业的实验、实习、实训等实践性教学提出建议和指导。

③参加本专业有关工学结合工作文件的审议，协助有关部门对本专业的工学结合工作进行检查和评价。

④积极参与本专业学生相关理论知识的学习，以及技能考核方法与标准的制订、审核。

⑤通过对省、市及经济发达地区产业群、产业结构、行业发展情况、高校同类专业情况、毕业生就业等进行调研，结合学院基本条件与办学成本，形成人才需求流向及产业信息发展报告。

（三）工学工作部的工作管理

工学工作部是学校工学结合工作管理最基层的单位，学院按专业或课程设置工学工作部，工学工作部的主要任务是在系部领导下按人才培养方案实施工学结合工作管理工作，开展工学结合工作研究、科研工作以及校企合作，落实工学结合、产学结合的人才培养任务，不断提高工学结合工作质量和学术水平。

1. 工学工作部的设置和组成

①建立具有工学特色的专业工学工作部：根据电子商务职业岗位类别要求，以职业岗位真实工作环境为标准，系部按照专业规划建设工学工作部，并根据专业工学结合工作需要，设立不同的项目工作室，项目工作室具有真实的职业情境，通过导入企业真实项目或校内仿真项目，在工学结合项目工作室完成项目设计任务，培养学生的专业技能和职业能力。为设立具有工学结合特色的专业工学工作部，主要以教学办为主体成立工学工作部，电子商务教研室具体负责该专业人才培养方案的运行实施和管理。

②工学工作部设主任一人，在系主任的领导下，负责工学工作部的全面工作。一个工学工作部的人员原则上不少于五人，一般应有一名高级职称的教师，根据工作需要和工学工作部规模，一般十人以上的工学工作部可设副主任一人。实际工作中，我们将电子商务专业建设项目负责人（教研室主任）设为副主任，协助主任工作。

2. 工学工作部的工作职责

①在系主任的领导下，全面完成院、系所分配的教学、科研、产业等多个方面的任务。

②协助系部做好人才培养模式改革与课程建设；与企业合作共同实施工学结合工学管理、工学结合工学检查、工学质量评价与监控等工作。

③在系主任领导下，积极与行业企业合作开展“特殊专业”“重点专业”“示范性专业”“专业实训基地”的建设工作。

④在系主任领导下，根据专业培养目标、职业技能鉴定等需求，整合旧课程或增设新课程，校企合作共同开发生产性专业核心课程。

⑤协助系部抓好校内外实习实训基地建设、师资队伍建设；协助系部做好工学结合检查、督导，听课评课，工学成果测评，日常工学管理，以及师资队伍建设等方面的工作。

⑥负责落实本部门教学科研活动，设计项目咨询、研发、社会服务与企业技术人员培训等实践活动。

⑦组织学生到企业顶岗就业实习，协助系部抓好招生与就业指导；及时了解和掌握工学工作部的工学动态，经常深入项目工作室听课。

⑧按照学院工学管理规定，组织教师编写各种工学结合文件，负责本部门学期、年度工作规划及工作计划的制订。

3. 专业带头人工作职责

①在工学工作部主任的领导下，负责本专业工学结合及科研工作的组织与实施。

②负责制订和修订本专业工学结合人才培养方案及相关的专业教学文件。

③负责本专业所开课程工学结合大纲、实习实训大纲、考试大纲的制订、修订等组织工作。

④负责制订本专业建设与发展规划、工作计划，组织本专业教师的教研教改、学术科研等活动。

⑤协助工学工作部主任做好工学结合检查、听课评课、工学结合测评、考试考务等方面的工作。

⑥根据专业特点，研究实验课、实训课、实践课的最佳教学方法，研究工学结合中的理论与实际相联系、理论教学与实践教学相结合等内容。

⑦关心教师成长，鼓励教师积极钻研业务、参与教学科研、撰写教学科研论文、参加学历进修、进行专业与社会实践并获取相应证书。

（四）院、系、工学工作部三级管理系统的运行

建立“多层环状”工学结合的工作管理系统，从系统的“结构—功能”理论模型出发，完善工学结合工作的决策、执行、监控和信息反馈系统，构建多层环状、环环相扣、结构紧密、功能优化的工学管理工作“同路”。通过系统的集成作用，强化教育教学管理的设计、检查、监控、评估、反馈功能，强化系一级在工学管理层面中的主体地位和实体特性，强化工学结合评价在工学管理中的激励、导向作用，以及工学管理对工学结合工学质量的监控。按照工学管理的功能要求，根据控制论的观点，工学结合工作管理系统应包括工学结合工作决策、执行、监控、信息反馈等四个子系统。

1. 工学结合工作决策子系统

其职能为制订教育事业发展规划、计划；对工学结合工作发挥宏观指导、咨询、决策论证等作用。这一子系统的职能机构主要包括三个，即教学工作委员会、教务处及教学系。

2. 工学结合工作执行子系统

该系统由教务处、工学结合系教学管理部门组成，是层层递进的决策执行机构。其中，教务处代表学院执行学院层面的教学管理，是管理职能部门；系主任履行二级教学管理层面的职能；工学工作部是教学管理的基层组织，具体

从事教学和教学改革的管理工作。

3. 工学结合工作信息反馈子系统

这一系统主要是由学生工作信息中心、教学信息中心、教学队伍等为主体构成的一种经常性信息反馈网，如以国家教育管理组织和社会评价机构进行的高等院校评价为主的教育质量评价信息反馈网，以毕业生跟踪调查为主的社会人才质量需求信息反馈网等组成。

4. 工学结合工作监控子系统

该系统由管理人员、教师、教学信息员、学生、管理制度、管理措施、教学检查、教学评估等方面组成，这一系统主要负责监控教学质量、教学资源、教学过程、教学状态。

四、工学结合人才培养运行模式

（一）“理实一体、情境教学”的教学模式

1. 教学情境设计

教师为学习情境设计的主体学习情境设计由教学任务、教学目标、教学方法、学习环境、课时与教师及考核六个方面组成。

2. 教学的组织

在“理实一体、情境教学”的教学模式下，教师围绕一定的工学单元展开教学工作。按照工作过程来序化知识，针对职业工作过程的每一个环节来传授相关的课程内容以实现实践技能与理论知识的整合。教师应该对实际工作的情境非常熟悉才能完成相应工作，因此要做企业情景分析。这些工学单元可以是项目、案例、产品、方案等。

（二）近“2+1”的教学模式

实施“2+1”的教学模式，将工学结合融入整个人才培养过程中。学生前三学期进行专业基础和部分专业技能的工学结合学习，第四学期根据企业岗位的需要，实施岗位培养，开设与企业岗位需求相对应的专业生产实训性课程。例如，学校可采用第五学期前 12 周的技能课程安排，然后提前 4 周进行校外实习或在校内创业基地完成岗位实习，或延续到企业进行顶岗实习，由企业员工实施“师徒制”学习，学生适应企业岗位，在企业环境下开展职业综合素质

养成训练。学生在第六学期进行毕业顶岗实习，并完成毕业实习报告，根据不同专业采用适合的教学培养模式来完成“2+1”教学模式中的近一年的企业生产实践锻炼和学习。

第三节　电子商务实践教学配套设施的建设

一、电子商务专业配套专兼师资条件

（一）专兼职师资团队建设总体思路

①优化电子商务专业建设指导与评价委员会的人员结构，进一步发挥其在电子商务专业人才培养方案的制订、教师与学生考核评估标准的制订、教师培养等方面的积极作用，使其成为校企互通的桥梁与纽带。专业建设指导与评价委员会成员由行业、龙头企业的专家或者一线技术骨干组成，并且龙头企业的一线技术骨干比例不小于50%，学院为专业建设指导与评价委员会提供专门的场所，抽调校内骨干教师担任秘书，便于专业建设指导与评价委员会正常开展专业建设指导、教学指导等工作。

②院内专任教师通过岗位轮换等形式去企业挂职实践，担任企业的销售经理等职务，参与企业经营管理与电子商务策划，带领并指导学生在企业内进行生产性实践，为企业提供电子商务技术服务，提升专业教师的实战水平。

③从阿里巴巴等龙头企业和行业中聘请具有深厚电子商务功底与丰富实战经验的电子商务专家、企业网络营销专业人员作为兼职教师，通过教学培训、创新创业项目指导等工作任务，提升兼职教师的教学水平。

④通过国际交流，将专业带头人和专业骨干教师送到德国、澳大利亚等比较发达的国家接受培训，学习先进的教育理念，提升教学水平，拓宽国际视野。

⑤通过国内交流，到一些国内一流高校进修与培训，承担创新创业项目，主持或参与企业横向课题，开展社区服务等形式，提高专业教师的理论与实践教学水平。

⑥构建完善的师资管理机制，应制定《兼职教师聘用考核、培训、薪金制度和弹性指导细则》《电子商务专任教师下企业实践锻炼管理办法》《专兼教师任职资格和准入条件实施办法》；制定较为完善的《电子商务专业专任教师

职业能力测评办法》，定期对专兼职教师特别是专职教师进行业务能力测评，从而形成一个优胜劣汰的流动机制。

（二）师资队伍任职要求

1. 教学能力要求

①教师应熟悉典型工作任务的工作过程，在工作过程中使用工作方法和劳动组织等方法，满足学生要求。

②教师能够根据实际工作岗位以及典型工作任务确定所任课程的学习内容，确定学习内容和学习目标。

③教师能够制作相应课程的教学课件，开发相应课程的任务指导书、任务工单、校本教材等。

④教师应熟悉本专业毕业生所从事的工作岗位，以及经常要进行相关内容的典型工作任务。

⑤教师应充分利用教学媒体、实训场所等教学条件，采用具有针对性的教学方法开展教学。

2. 专业实践能力要求

顶岗实习、生产性实训、“理实一体”化课程的教师应具有专业技术职称；电子商务师（二级）以上职业资格证书；下企业锻炼累计达到一年以上；熟练掌握网络营销、网站运营等岗位的工作流程并具有相关岗位的应岗能力。

3. 专兼职教师的任职要求

①专职教师任职要求。专职教师应具有研究生（含硕士学位）及以上的学历，中级及以上职称，电子商务师（二级）以上职业资格证书，企业工作经历一年以上，熟悉本专业职业岗位特点，能够独立承担一门专业核心课程的主讲、开发及设计，还能够辅讲其他两门专业核心课程；具备能够独立承担专业创业创新竞赛、培训及技能鉴定、实训实践体系建设、校企合作开发等一方面以上的工作能力；具备能够独立承担一个以上专业教学改革项目建设的工作能力；具备相关岗位的应岗、适岗能力。

②兼职教师任职要求。一般情况下，兼职教师是由企业推荐的，其聘任范围为区域内合作企业，高校通过对其进行综合考虑后聘为兼职教师，其中重点考察内容是职业资格水平。

二、电子商务专业配套实践实训条件

（一）院内一般性实训基地

仅从一般性技术应用能力形成需要来设置训练条件的角度，未设置生产性环境条件约束的技术应用实训基地。其特征包括有利于抓住技术关键环节，是一种技术应用的基础性训练；与生产实际应用有距离，缺乏生产（经营）环境的相关信息的对称性。

（二）院内生产仿真性实训基地

设置了生产性环境条件约束的技术应用实训基地。其特征包括生产环境相关信息的介入，增强了应用实训的难度及实用性，但仍与生产实际有距离；对实训基地配置要求及指导教师的生产经验要求较高。

（三）院内生产性实训基地

根据市场对产品（包括服务产品）实际需求而开展的院内生产或经营实体，并可接受学生参与生产或经营活动。其特征包括具备零距离训练的条件，因而对实训基地建设复杂性与“双师型”指导教师要求更高；运行过程中需解决运行成本与经营效益之间的矛盾。

三、电子商务配套运行经费条件建设

在学院常规拨款的基础上，通过项目申报形式，如国家骨干校、省财政实训基础项目、省特色专业、国家电子商务专业教育资源库、校重点建设专业等项目，获得持续的运行建设经费保障。

通过校企合作，积极吸纳企业直接或间接的资金、实训设施等各种形式的投入，特别是与学院的主管单位物产集团的各子公司之间的校企合作。在学院的基础上，根据专业实际情况，进一步细化专业资金管理办法。

四、电子商务专业项目资源库开发及主要服务对象

（一）资源库开发概述

资源库的开发主要是指根据企业员工培训、学生自学、课程开发等需要，以展现典型电子商务企业网站链接、电子商务企业案例、作业规范、生产工具、工作过程、作业场景等形成的教学资源素材，如图片、动画、案例、视频等，

整合成为教学资源素材库。

（二）主要服务对象

国家高校教育电子商务专业教学资源库是由倪光南院士和梁春晓副总工程师担任顾问，浙江经济职业技术学院主持建设，联合9所高校、15个企业事业单位共同建设的国家项目，其主要建设思路和内容如下。

1. 建设目标、原则、基本路径及思路

（1）建设目标

通过建设“一个模型、四个子库、三大平台”的电子商务专业教学资源库，形成“三种特色”，实现“四大功能”，具有系统结构、功能与成效协同性高等特点的电子商务专业教学资源库。具体地说，以创业与创新型高技能人才培养为目标，依据教育部项目申报指南等系列文件要求，依托网络教育技术标准和数据库技术，研发设计高校电子商务专业教学资源库系统结构与功能概念模型，以此指导电子商务专业教学资源库系统结构及功能的开发与建设，建成由职业岗位标准库、综合实践项目库、课程库、素材库，学生联网创业平台（含大宗生产资料电子商务实践）、基于创业实践的网上互动教学交流平台与专业门户网站等构成的电子商务专业教学资源库，具有三方面的特点：一是校、企、政“三方”共创教学条件，以政府经费投入与政策支持为主要保障；二是虚、实、综“三段”实现能力递进，以创新创业综合实践项目为主要教学目标导向；三是学、做、评“三式”构建教学组合，以能力科学考评为主要教学动力机制，实现的四个目标主要是指企业员工、教师、学生和其他社会学习者。自主学习与创新创业实践提供便捷、有效的自主学习与考评平台；为电子商务工作流程优化、人力资源开发与评价、企业岗位培训等提供服务平台；为国际优质的教育资源共享、校企政合作体制机制构建、全国高校专业建设、人才培养质量考评、专兼师资团队建设、实践教学条件开发、综合实践项目开发、课程开发等提供研发的前瞻性、实用性平台。

（2）建设原则、基本路径、思路

①建设原则。一般情况下，资源库的建设原则主要包括四个方面：一是普适性与区域性结合；二是开放性与动态性结合；三是共性特点与个性需求结合；四是先进性与实用性结合。

②建设基本路径。其主要是指基于国内外电子商务专业相关的四大类学员的自主学习需求调研，以及现有电子商务专业教学资源现状调研，设计以便捷、

有效、直观、科学、实用为目的的电子商务教学资源库结构与功能概念模型，并以此指导教学资源库功能与成效评价的信息采集、有效运行的管理和维护手段的开发与建设、指导教学资源库的内涵开发与建设、研发手段的建设，最终实现电子商务教学资源库系统的可持续。

（3）具体建设思路

①电子商务教学资源库结构与功能概念模型的研发、设计。分区域邀请国省两级行业协会、国省两级高校教育教学指导委员会、典型企业群，由国省两级龙头骨干企业群、分区域示范骨干院校及相关院校、电子商务权威专家组建资源库模型研发专门委员会，通过对中小型企业网上创业历程、大中型企业电子商务相关岗位任职要求、网络技术与电子商务发展趋势的大量调研，依据电子商务国家职业资格标准、国际国内相关行业与技术标准，制定专业综合实践项目选择指南、教学指南与考评标准，收集开发专业综合实践项目库，分别制订课程专项实践项目选择、教学组织与考评标准，形成教学大纲；分别以专业综合实践项目和课程专项实践项目为导向，开发以“做什么—为什么做—怎么做—为什么这么做—怎么考评—为什么这么考评”为逻辑顺序的模块自主学习内容，形成课程库及对应的配套材料，即视频、音频、动画、图片、案例等多样化自主学习资源素材库。实现四类学习者可以差异化自主学习的电子商务专业资源库模型。从资源库概念模型中可以看出，能够开发出不同的学习路径，从而满足不同水平的学习者。

②教学资源库的开发与建设。以电子商务专业教学资源库概念模型的整体设计为蓝图，联合全国华东、华南、华北、华中、西南、东北及西北地区具有区域代表性的示范骨干高校为主的院校，以及 12 家典型企业，共同组成资源库建设团队。通过有效对接典型企业的工作任务与项目，搭建集虚拟、实战于一体，具有研发、建设与考评功能的学生联网创业平台（含大宗生产资料电子商务实践）、基于创业实践的网上互动教学交流平台和综合实践项目库；以教学活动设计为主线，依据综合实践项目指南要求，通过对电子商务概论、网络营销等 10 门电子商务专业核心课程的建设，建成集课程教学大纲、网络化评价试题库、能力化评价项目库、教学活动设计、多媒体教学课件、“理实一体”化教材、自主学习网络化课程，以音频库、视频库、案例库、动画库、图片库为配套内容，具有服务教师教学及满足社会不同学习者、企业员工、学校师生等自主学习与创新创业需求，企业培训课程开发等功能的高校电子商务专业教学资源库。

③教学资源库有效运行的管理与维护手段的开发及建设。分区域聘请国省

两级行业协会、国省两级高校教育教学指导委员会、典型企业群，由国省两级龙头骨干企业群、示范骨干院校及相关院校、电子商务专家咨询委员会组建资源库运用管理专门委员会、资源库维护更新专门委员会等组织，以及国家高校教育资源中心网络平台，在资源库建设、使用过程中，整合全国不同区域、不同类型、不同层次的电子商务行会协会、典型性电子商务骨干企业、区域性国家示范骨干高校电子商务专业的技术资源、人力资源、智力资源、教学资源，促使资源库每年更新比例不低于10.9%，通过不断完善资源库网络协同平台的成套管理机制保障体系，如激励、使用、上传、审核等，从而使其形成一个先进性与实用性相结合、标准化与地方性相结合、共享共建与边建边用相结合、通用性与个性化相结合、开放性与动态性相结合的实用型电子商务专业教学资源库。

④教学资源库功能与成效评价的信息采集与研发建设。分区域聘请国省两级行业协会、国省两级高校教育教学指导委员会、典型企业群，由国省两级龙头骨干企业群、示范骨干院校及相关院校、电子商务专家咨询委员会组建资源库功用评价专门委员会。通过对该专门委员会的组织协调，在对资源库使用反馈、功能发挥、建设目标、建设内容等方面评价与考核的基础上，依据系统化、科学化的技术路径与论证手段，提出电子商务专业教学资源库的改进纲要或指导意见，从而更好地发挥资源库引领专业教学与课程改革，实现资源库的优化更新与可持续发展，从而满足企业员工、学校师生等各个方面的需求。

2. 建设规划

基于资源现状调研与四大类学员的自主学习需求调研，设计资源库结构与功能概念模型，开发与建设、教学资源库功能与成效评价的信息采集的建设，最终实现电子商务教学资源库系统开发、建设、升级、更新、使用、管理、评价，具体规划步骤包括以下几个方面。

①组建电子商务资源库概念模型研发团队，依据国家高校教育专业教学资源库建设相关文件精神，结合创新创业电子商务企业电子商务、电子商务企业等真实工作项目与任务要求，研发电子商务人才培养方案、职业岗位标准等，指导电子商务专业教学资源库建设。

②在资源库顶层设计指导下，通过各种途径明确资源库用户需求，如调研论证、建设团队等。在这一基础上，不断对全国各大区域示范骨干高校、行业、企业等各方资源进行整合。以教学活动设计及网络自主学习为主线，以电子商务综合实践项目、人才培养方案为指导，以图片库、动画库、音频库、视频库

为配套内容，开展资源库建设。

③根据验收情况及用户反馈情况，继续整合企业、行业、全国各大区域示范骨干高校等各方资源，按照共建共享、边建边用的原则，创建资源库平台运行管理和更新维护机制，确保教学资源持续更新满足教学需求、自主学习需求及技术发展需求，确保资源库的可持续发展。

④依据国家教学资源库相关文件精神，链接国家教育资源中心网络平台，完成资源库建设项目验收。

3. 建设内容

高校电子商务专业课程体系人才培养方案、综合实践项目体系的确定应依据企业电子商务相关岗位工作任务与项目要求，按照共建共享、边建边用的原则，建设支持企业岗位培训、引领高校电子商务专业建设、服务不同学习者自主学习，以及网络营销等数字化专业教学资源库。

（1）综合实践项目库

综合实践项目库主要是指由指南、课程专项实践项目、毕业综合实践、课程综合实践项目等共同组成，其中课程专项实践项目也叫课程单元模块实训项目，直接融入课程单元之中。项目库的主要目标是培养具有创新创业精神的高素质技能型电子商务人才，由行业企业参与共同开发，形成信息收集与调研、网上创业、产品网上销售、网站网络综合推广、网络广告文案策划、网络营销软文写作、互联网产品电话销售、企业在线售后服务、网络营销方案策划、网站及网络商铺运营、商务网站开发等综合实践项目库，从而构建与各区域电子商务应用水平相适应的综合实践项目库，兼顾各区域电子商务应用状况。

（2）课程库

课程库主要是指重点建设完成电子商务专业网络贸易和营销、电子商务概论、商品信息采集与处理、网上创业、电子商务法规、客户服务与管理、商务网站内容维护与管理、商务网页设计与制作、商品实务等专业核心课程的课程教学大纲、网络课程、教学活动设计、“理实一体”化教材等，并配有相应的网络化评价试题库，以及多媒体课件等。

（3）职业岗位标准库

职业岗位标准库主要是指收集、整理电子商务行业标准，以及典型企业电子商务岗位标准等。

（4）教学资源素材库

教学资源素材库主要是指根据课程开发等需要，以展现典型电子商务企业网站链接、电子商务企业案例、作业规范、生产工具、工作过程、作业场景等，从而形成教学资源素材库。

①案例库。由学院与位于不同区域的从事网络团购、社交网络（SNS）、网络服务外包等电子商务企业，共同开发不同企业类型与规模，反映不同发展水平的原创企业案例及创新创业案例。

②视频库。建设与课程内容直接相关，由反映电子商务企业课堂教学、学生实训、业务活动、业务流程等相关活动的视频组成，如网上旅游、网络金融、网络购物等。

③动画库。建设与课程内容直接相关，体现 B2B、B2C、C2C 等不同模式电子商务业务流程的动画，并遵循统一的格式标准。

④图片库。收集编辑能反映网站建设、网店装修、商品信息采集等创新创业活动、教学实施情景、真实电子商务活动的各种照片、图形、图片等，并遵循统一的格式标准。课程与图形库、动画库、案例库、视频库等具有十分密切的关系，可以灵活地集成到课程中。

⑤学生联网创业平台（含大宗生产资料电子商务实践），以资源库项目建设为动力，以企业支持为依托，以企业股份制投入运作为基础，以地方政府政策支持为补充，以公司化运作为机制，以校企分工合作为形式，建设全国大学生电子商务联网创业平台，为全国高校大学生提供网上交易、网下配供的专门化实践平台，为大学生网上创业提供便利的实践机会和丰厚的盈利条件。

⑥基于创业实践的网上互动教学交流平台，以资源库学习资源为基础，以大学生电子商务网上创业实践为题材，以网上互动教学为形式，构建电子商务专家学者、著名企业家、创业成功者与创业学习者（包括学校师生、企业员工与社会学习者）互动的网上交流、讨论式学习平台，为广大师生与社会学习者提供“理实一体”化的学习平台，真正实现政、行、企、校及社会学习者的多方共赢机制，并形成资源库内容的持续更新机制。

⑦门户网站平台，建设一个承载电子商务专业教学资源的门户网站，主要功能包括交流、行业信息发布、资源检索等。

参考文献

[1] 赵彤 . 新建应用型本科实践教学体系构建研究：以商科专业为例 [M]. 南京：东南大学出版社，2017.

[2] 徐恒山 . 商科职业教育实践与研究 [M]. 北京：北京理工大学出版社，2016.

[3] 蒋建华 . 应用型高校实践教学探索 [M]. 北京：中国纺织出版社，2019.

[4] 刘立国 . 国际商科人才培养研究 [M]. 北京：北京理工大学出版社，2016.

[5] 陈寿灿 . 解构与重建：基于“一体多元”的大商科人才培养体系建构与实践 [M]. 杭州：浙江工商大学出版社，2018.

[6] 上海对外贸易学院高等教育研究所 . 商科院校学生实践能力培养研究 [M]. 上海：格致出版社，2012.

[7] 骆东奇，邓德敏 . 商科人才培养探索与创新：重庆工商大学商务策划学院实践（2016）[M]. 成都：西南财经大学出版社，2017.

[8] 杨保军，王建华 . 财务管理专业实践教学指导书 [M].2 版 . 银川：宁夏人民教育出版社，2017.

[9] 陈剑峰，陆小平 . 实践教学论文集 [M]. 桂林：漓江出版社，2013.

[10] 陆迎霞 . 基于就业导向视角的会计学专业实践教学研究 [M]. 太原：山西经济出版社，2016.

[11] 胡雁 . 民办本科院校办学特色的探索与实践 [M]. 北京：北京理工大学出版社，2017.

[12] 许晓东，李培根，陈国松 . 我国重点大学本科工程教育实践教学研究 [M]. 武汉：华中科技大学出版社，2015.

[13] 鲍玮 . 高职教育实践教学体系的建设探索 [M]. 天津：天津科学技术出版社，2017.

[14] 杨保军．创新创业教育导向的民族院校商科专业实践教学体系构建 [J]. 黑龙江教育学院学报，2018，37（12）：51-54.

[15] 王锐，雷雨．基于新商科背景下大学生创客实验室建设探讨——以产教一体化创客实验室为例 [J]. 知识经济，2018（11）：148-149.

[16] 张宝忠，胡宇梁，李振华．基于商科创新创业人才培养的竞争性实践教学模式研究 [J]. 中国职业技术教育，2018（5）：91-93.

[17] 吴新玲，文佑云．商科专业实践教学效果制约因素及提升措施：基于问卷调查分析 [J]. 教育现代化，2018，5（43）：119-121.

[18] 王玲．高职商科专业 ERP 沙盘实践教学模式实施的保障机制研究 [J]. 科教文汇，2018（6）：104-105.

[19] 文腊梅．探索校企合作建设商科专业校内实践教学平台的途径 [J]. 长沙民政职业技术学院学报，2018，25（1）：95-97.

[20] 洪涛．商科院校计算机专业产学研相结合的实践教学模式探索 [J]. 信息系统工程，2018（12）：168.

[21] 李明亮．高校商科专业实践教学改革与研究 [J]. 经贸实践，2018（6）：329.

[22] 左慧慧．商科专业创新创业素质教育的 MERCHANTS 模式探索 [J]. 文化创新比较研究，2018，2（34）：121.

[23] 彭晓炜．基于应用型人才培养目标的独立学院商科专业实验实训中心建设研究 [J]. 市场周刊，2018（8）：132-133.

[24] 张宏远，范丽君，周中鹤．创新创业教育实践培养模式的多样化设计——基于“大商科”类人才培养的分析 [J]. 淮海工学院学报（人文社会科学版），2018，16（6）：131-134.

[25] 俞周红，彭金燕．基于专创合一的高职院校商科类学生创新创业教育研究——以浙江经贸职业技术学院为例 [J]. 中外企业家，2018（29）：164-165.